A pesquisa na formação
e no trabalho docente

Júlio Emílio Diniz-Pereira
Kenneth M. Zeichner
Organizadores

A pesquisa na formação e no trabalho docente

2ª edição

autêntica

Copyright © 2002 Júlio Emílio Diniz-Pereira
Copyright © 2002 Autêntica Editora

Todos os direitos reservados pela Autêntica Editora. Nenhuma parte desta publicação poderá ser reproduzida, seja por meios mecânicos, eletrônicos, seja via cópia xerográfica, sem a autorização prévia da Editora.

EDITORA RESPONSÁVEL
Rejane Dias

COORDENADOR DA COLEÇÃO DOCÊNCIA
Júlio Emílio Diniz-Pereira

CAPA
Jairo Alvarenga Fonseca

REVISÃO
Rosemara Dias

TRADUÇÃO DOS TEXTOS EM INGLÊS
Erick Ramalho

DIAGRAMAÇÃO
Waldênia Alvarenga Santos Ataíde

D436p
Diniz-Pereira, Júlio Emílio
   A pesquisa na formação e no trabalho docente / organizado por Júlio Emílio Diniz-Pereira e Kenneth M. Zeichner . — 2. ed. — Belo Horizonte: Autêntica Editora, 2011.

   176 p. — (Docência ; 3)

   ISBN 978-85-7526-079-1

   1. Educação. 2. Formação de professores. I. Zeichner, Kenneth M. II.Título. II. Série.

   CDU 37
   371.13

GRUPO **AUTÊNTICA**

Belo Horizonte
Rua Carlos Turner, 420
Silveira . 31140-520
Belo Horizonte . MG
Tel.: (55 31) 3465 4500

São Paulo
Av. Paulista, 2.073, Conjunto Nacional, Horsa I
23º andar . Conj. 2310-2312 Cerqueira César
01311-940 São Paulo . SP
Tel.: (55 11) 3034 4468

www.grupoautentica.com.br

Índice

Prefácio à 2ª edição — 07

Capítulo 1: A pesquisa dos educadores como estratégia para construção de modelos críticos de formação docente
Júlio Emílio Diniz-Pereira — 11

Capítulo 2: A pesquisa-ação participativa e o estudo da prática
Stephen Kemmis e Mervyn Wilkinson — 39

Capítulo 3: A pesquisa-ação e a formação docente voltada para a justiça social: um estudo de caso dos Estados Unidos
Kenneth M. Zeichner — 61

Capítulo 4: Quinze anos de pesquisa-ação pela emancipação política e educacional de uma universidade sul-africana
Dirk Meerkotter e Maureen Robinson — 85

Capítulo 5: Da formação do professor do *apartheid* para a formação do professor progressista: a experiência namibiana
John Nyambe — 113

Capítulo 6: Concepções de pesquisa-ação entre professores chilenos do ensino fundamental: colocando o "nós" no centro
Carmen Montecinos e Justo Gallardo — 133

Os autores — 171

Prefácio à 2ª edição

Júlio Emílio Diniz-Pereira
Kenneth M. Zeichner

Apresentamos a segunda edição do livro *A pesquisa na formação e no trabalho docente*, agora como parte da coleção Docência – por isso a nova capa e diagramação! Porém, o conteúdo do livro é exatamente o mesmo do anterior.

Como dissemos na Apresentação da primeira edição do livro, a pesquisa na formação e no trabalho docente tem sido o tema central da maior parte das atuais reformas educacionais em todo o mundo. Esse eixo tem sido defendido tanto por reformas educacionais progressistas como por projetos conservadores de ensino. Consequentemente, tem havido uma enorme confusão conceitual quando as pessoas referem-se à pesquisa como parte do trabalho e da formação de nossos educadores.

Desse modo, é fundamental enfatizar as diferenças entre os modelos de formação e trabalho docente que têm a investigação como elemento fulcral de sua prática. O objetivo principal deste livro é, pois, elucidar as diferentes concepções a respeito da pesquisa na formação e no trabalho docente, explicitando seus referenciais teóricos. Outro propósito desta obra é analisar experiências que têm sido desenvolvidas em diferentes países onde modelos críticos e emancipatórios são construídos.

Este livro foi, portanto, organizado por meio da contribuição de autores de diferentes países que têm se dedicado à temática da pesquisa na formação e no trabalho docente. Essa perspectiva internacional enriquece a obra, uma vez que o crescimento da pesquisa-ação nos programas de formação docente e na própria prática dos educadores tem se mostrado um fenômeno mundial.

É exatamente disso que o professor Júlio Emílio Diniz-Pereira trata no capítulo inicial deste livro quando analisa o movimento dos educadores-pesquisadores como estratégia para a construção de modelos críticos e emancipatórios de formação docente. Nesse artigo, o autor apresenta diferentes conceitos de "pesquisa dos educadores" existentes na literatura educacional contemporânea, bem como um breve histórico do movimento dos educadores-pesquisadores no mundo. A tese principal desse texto é que o movimento dos educadores-pesquisadores, cujo crescimento internacional é indiscutível, tem o potencial de se tornar um fenômeno contra-hegemônico global.

No capítulo seguinte, os professores australianos Stephen Kemmis e Mervin Wilkinson aprofundam teoricamente aquilo que denominam "pesquisa-ação participativa". Nesse artigo, os autores apresentam as principais características da pesquisa-ação participativa e as ferramentas metodológicas normalmente utilizadas para o estudo da prática docente visando à transformação social.

Na mesma linha de pensamento dos capítulos anteriores, o professor Kenneth Zeichner, por meio de um estudo de caso em que um projeto de pesquisa-ação foi desenvolvido no programa de formação docente da Universidade de Wisconsin-Madison, Estados Unidos, defende a pesquisa-ação como um dos elementos fundamentais para a formação sociorreconstrucionista dos professores e voltada para a justiça social.

Assim como o artigo de Zeichner, os próximos capítulos também baseiam-se em experiências concretas de pesquisa-ação na formação e no trabalho docente. Primeiro, os professores Dirk Meerkotter e Maureen Robinson analisam o desenvolvimento da pesquisa-ação em um programa de mestrado em educação em uma universidade da África do Sul. Os autores apresentam detalhes de como esse programa representou explícita oposição política e ideológica ao regime racista do *apartheid* nesse país e quais os atuais desafios dessa iniciativa político-pedagógica.

Também sob a influência do regime racista do *apartheid* esteve o projeto educacional analisado pelo professor namibiano John Nyambe.

O autor, explorando a concepção de estudantes participantes de um programa nacional de formação docente na Namíbia, discute os desafios para a implantação de um paradigma progressista de pesquisa-ação nas escolas e nos programas de formação dos profissionais da educação desse país.

O último capítulo deste livro também explora a concepção dos professores a respeito da pesquisa-ação em suas práticas e em sua formação profissional. Os professores Carmen Montecinos e Justo Gallardo analisam como os docentes percebem as contradições da implementação da pesquisa-ação por uma reforma educacional em curso no Chile, em um contexto político conservador orientado pela ideologia neoliberal.

Finalmente, é importante explicitar que este livro foi organizado para os seguintes potenciais leitores: professores das redes pública e privada do ensino fundamental e médio; estudantes dos diferentes cursos de formação docente; professores do ensino médio e superior envolvidos na formação inicial e continuada de educadores; pessoas responsáveis pela elaboração e pela execução de políticas públicas de formação de docentes; pesquisadores na área da formação de professores; público em geral interessado na temática da formação e do trabalho docente.

Assim, do mesmo modo que na edição anterior, esperamos que a leitura desta obra contribua para a construção de novas práticas docentes e de formação dos educadores comprometidos com a transformação social e incansáveis na luta por um mundo mais justo.

CAPÍTULO I
A pesquisa dos educadores como estratégia para construção de modelos críticos de formação docente

Júlio Emílio Diniz-Pereira

O objetivo deste capítulo é discutir o movimento dos educadores-pesquisadores, um movimento social de caráter internacional, como estratégia para construção de modelos críticos e emancipatórios de formação docente.

Este texto apresenta uma análise conceitual dos termos normalmente usados na literatura educacional a respeito da pesquisa realizada por educadores nas escolas, um breve histórico do movimento dos educadores-pesquisadores no mundo e suas principais características nos dias de hoje. Além disso, uma parte importante deste capítulo é a análise de três modelos de formação de professores com a intenção de mostrar as diferentes concepções de "pesquisa dos educadores" presentes em cada um deles.

Um dos principais argumentos defendidos neste texto é que o movimento dos educadores-pesquisadores tem o potencial de se transformar em um movimento contra-hegemônico global, articulando experiências que buscam a construção de modelos críticos de formação de professores.

O QUE SE ENTENDE POR PESQUISA REALIZADA POR EDUCADORES?

Diferentes termos são usados na literatura específica para se referir à pesquisa feita por educadores a partir de sua própria prática na escola e/ou em sala de aula. Os mais comuns são "pesquisa-ação", "investigação na ação", "pesquisa colaborativa" e "praxis emancipatória". A expressão "pesquisa-ação" foi cunhada na década de 1940 por Kurt Lewin. De acordo com ele,

> [...] pesquisa-ação consiste de análise, evidência e conceitualização sobre problemas; planejamento de programas de ação, executando-os e então mais evidências e avaliação; e então a repetição de todo esse círculo de atividades; certamente, uma espiral de tais círculos. Por meio dessa espiral de círculos, a pesquisa-ação cria condições sobre as quais comunidades de aprendizagem podem ser estabelecidas, ou seja, comunidades de investigadores comprometidos com a aprendizagem e compreensão de problemas e efeitos de sua própria ação estratégica e de fomento dessa ação estratégica na prática.

Para Lewin, as três mais importantes características da pesquisa-ação são: "seu caráter participativo, seu impulso democrático e sua contribuição para as ciências sociais e para a transformação da sociedade, simultaneamente".

Carr and Kemmis (1986) também sugerem uma definição de pesquisa-ação nessa direção.

> Pesquisa-ação é simplesmente uma forma de investigação auto-reflexiva realizada por participantes em situações sociais para fomentar a racionalidade e justiça de suas próprias práticas, seu entendimento dessas práticas e as situações nas quais as práticas acontecem. (p. 162)

Esses autores também citam uma definição de pesquisa-ação desenvolvida no âmbito específico da educação e elaborada por participantes de um seminário em 1981.[1]

> Pesquisa educacional é um termo usado para descrever uma família de atividades no desenvolvimento do currículo, no desenvolvimento profissional, nos programas de incremento das escolas e no desenvolvimento dos sistemas de planejamento e políticas. Essas atividades têm em comum a identificação de estratégias de ação planejada que são implementadas e então sistematicamente submetidas para observação, reflexão e transformação. Participantes dessa ação são integralmente envolvidos em todas essas atividades. (p. 164-165)

---

[1] Eles estão se referindo ao *National Invitational Seminar on Action Research* promovido pela Universidade de Deakin, Geelong – Victoria (Austrália), em maio de 1981.

Embora usando termos distintos, outros autores têm também sugerido definições para esse tipo de pesquisa feita no âmbito das escolas. Por exemplo, Cochran-Smith e Lytle (1993) definem "pesquisa dos educadores" como uma "pesquisa sistemática e intencional realizada por professores sobre sua própria escola e sala de aula" (p. 23-24). Segundo elas, "a pesquisa docente está preocupada com as questões que são levantadas a partir da experiência de vida dos professores e da vida cotidiana do ensino expressa na linguagem que emerge da prática".

De acordo com Anderson, Herr e Nihlen (1994), "em termos básicos, pesquisa-ação é uma pesquisa feita por profissionais usando seu próprio local (sala de aula, escola, comunidade) como o foco de seu estudo" (p. 2).

Portanto, "pesquisa-ação" e outros termos usados na literatura educacional como sinônimos têm, na verdade, múltiplos significados. Para Susan Nofke, "o que nós precisamos procurar NÃO é A versão correta de pesquisa-ação, mas sim aquela que precisa ser feita e que pode fomentar seus objetivos" (citada em HOLLINGSWORTH, 1997, p. 312). De acordo com ela, "seu 'potencial' não pode ser julgado sem considerar as bases ideológicas que guiam sua prática, bem como de seu contexto material".

Na próxima parte deste capítulo, eu discuto o processo histórico por meio do qual a ideia de "pesquisa dos educadores" foi construída. Além disso, eu apresento nos próximos parágrafos as origens do atual movimento dos educadores-pesquisadores.

UM BREVE HISTÓRICO DO MOVIMENTO DOS EDUCADORES-PESQUISADORES

Diferente do que se pode normalmente pensar, o movimento dos educadores-pesquisadores não é algo recente na história educacional. De acordo com Anderson, Herr e Nihlen (1994), "a idéia de educadores fazendo pesquisa nas escolas vem de no mínimo final do século XIX e início do XX, com o movimento para o estudo científico da educação" (p. 10). Entretanto, nesse movimento científico da educação, "aos professores deu-se o papel de executar pesquisas em suas salas de aulas que foram elaboradas por pesquisadores da universidade" (p. 10). Segundo os autores, esse movimento concebia os professores como meros fornecedores de dados que seriam analisados estatisticamente pelos pesquisadores. Como se sabe, a relação hierárquica entre universidades e escolas, presente na maioria dos primeiros trabalhos de "pesquisa dos educadores", continua a ser fonte de tensão nos dias de hoje. Nas palavras de Zeichner (2000), "professores são tradicionalmente vistos como sujeitos ou consumidores da pesquisa feita por outros".

Simultaneamente ao movimento pelo estudo científico da educação, surgia um movimento progressista de "pesquisa dos educadores" inspirado nas ideias de John Dewey. Como sugerido por Anderson, Herr e Nihlen (1994), "o trabalho de Dewey serviu de inspiração para os atuais escritos sobre o 'profissional reflexivo' (SCHÖN, 1983), os quais têm nos ajudado a melhor entender como os profissionais da escola compreendem suas experiências e participam da aprendizagem profissional" (p. 11).

Muitos estudiosos (ANDERSON, HERR e NIHLEN, 1994; ZEICHNER, 2001; ZEICHNER e NOFKE, 2000) acreditam que a "pesquisa-ação" origina-se do trabalho do psicólogo social Kurt Lewin e do movimento de dinâmicas de grupo da década de 1940.

> Embora Lewin não foi o primeiro a usar o termo "pesquisa-ação", ele foi o primeiro a desenvolver uma teoria de pesquisa-ação que a transformou em uma forma respeitável de investigação nas ciências sociais. Lewin acreditava que o conhecimento deveria ser criado a partir da solução de problemas em situações concretas de vida (ANDERSON, HERR e NIHLEN, 1994, p. 11).

A pesquisa-ação foi promovida durante o início dos anos cinquenta na área educacional principalmente por Stephen Corey, diretor do *Columbia Teachers College* (ANDERSON, HERR e NIHLEN, 1994; ZEICHNER, 2001; ZEICHNER e NOFKE, 2000). "Corey acreditava que professores provavelmente considerariam os resultados de sua própria pesquisa mais úteis do que aqueles encontrados por pesquisadores, e assim provavelmente seriam usados para questionar as atuais práticas curriculares" (ANDERSON, HERR e NIHLEN, 1994, p. 13).

Na década de 1950, entretanto, a pesquisa-ação foi ridicularizada por pesquisadores tradicionais da educação e julgada por meio de critérios positivistas. Como indicado por Anderson, Herr e Nihlen (1994), nos fins dos anos 50, a pesquisa-ação declinou não só no campo da educação, mas também nas ciências sociais. O interesse em pesquisa-ação diminuiu durante a década de 1960, embora nunca tenha efetivamente desaparecido.

Um outro movimento de *"pesquisa dos educadores"* – *o movimento dos professores como pesquisadores* – começou na Inglaterra durante os anos 60. O trabalho de Lawrence Stenhouse é o responsável por renovar o interesse por pesquisa-ação na Grã-Bretanha:

> O apogeu da pesquisa-ação na Grã-Bretanha viu um movimento de professores-investigadores nas escolas e um grande número de projetos de pesquisa-ação colaborativa financiada pelo Estado. Durante as décadas de 1970 e 1980, um intenso debate aconteceu na Inglaterra sobre diversos temas em pesquisa-ação. (ANDERSON, HERR e NIHLEN, 1994, p. 15)

Como mostrado por Anderson, Her e Nihlen (1994), uma das críticas mais importantes foi aquela das pesquisadoras feministas. Na opinião delas, "o potencial radical da pesquisa-ação é perdido quando ela torna-se uma receita controlada por agências do Estado" (p. 15).

Durante o final dos anos 60 e início dos 70, um modelo de pesquisa-ação baseado nas ideias de Paulo Freire foi desenvolvido na América Latina. De acordo com Anderson, Her e Nihlen (1994), durante as duas últimas décadas, esse tipo de pesquisa, agora comumente chamada de "pesquisa participativa", vem sendo realizado em toda a América Latina e no resto do assim chamado "Terceiro Mundo" (p. 16). Como dito por Zeichner (2001):

> Alguns dos mais ambiciosos trabalhos de pesquisa-ação na educação hoje têm sido desenvolvidos em países da América Latina e África. Por exemplo, na Namíbia, a pesquisa-ação tem sido usada desde a independência em 1990 como a principal estratégia em um programa de reforma educacional inclusiva que tem procurado transformar o ensino e a formação de professores de uma forma autocrática para uma mais centrada nos processos de aprendizagem (p. 24).

O Movimento dos Trabalhadores Rurais Sem Terra (MST), o maior movimento social da América Latina que luta por reforma agrária e justiça social no Brasil desde o início dos anos 80, procura também implementar um ambicioso projeto de *pesquisa participativa* em um grande número de escolas em áreas rurais, em assentamentos e acampamentos (CALDART, 1997; 2000).

Anderson, Herr e Nihlen (1994), baseando-se em Schutter e Yopo (1981), descrevem as seguintes características gerais da *pesquisa participativa*:

- O ponto de partida para a pesquisa participativa é uma visão dos eventos sociais contextualizados pelas forças sociais em um nível macro.
- Processos e estruturas sociais são entendidos dentro de um contexto histórico.
- Teoria e prática são integradas.
- A relação sujeito-objeto é transformada em uma relação sujeito-sujeito por meio do diálogo.
- Pesquisa e ação (incluindo a educação) tornam-se um único processo.
- A comunidade e pesquisadores juntos produzem conhecimento crítico que objetiva a transformação social.
- Os resultados da pesquisa são imediatamente aplicados à uma situação concreta (p. 17).

De acordo com os autores, "na pesquisa participativa inspirada em Freire, o modelo acadêmico de pesquisa é colocado em xeque. Os dualismos teoria e prática, sujeito e objeto, pesquisa e ensino são eliminados" (p. 17). Além disso, a pesquisa participativa questiona muitos dos pressupostos dos modelos mais tradicionais de pesquisa-ação. "Enquanto a pesquisa-ação tradicional tende a enfatizar temas de eficiência e melhoria da prática, a pesquisa participativa preocupa-se com eqüidade, autoconfiança e problemas de opressão".

O trabalho de John Elliot e Clem Adelman na Inglaterra foi também responsável pelo ressurgimento da pesquisa-ação nos anos 70. O *Ford Teaching Project* (1973-1976) "envolveu professores em pesquisa-ação colaborativa dentro de sua própria prática e a noção central dos professores se automonitorando foi baseada na concepção de Stenhouse do "professor como pesquisador" e de uma ideia mais ampla de "profissional" (CARR e KEMMIS, p. 166). De acordo com Carr e Kemmis, "um grande número de práticas educacionais tem sido estudado por meio da pesquisa-ação e alguns exemplos são suficientes para mostrar como os professores-investigadores têm usado pesquisa-ação para melhorar suas práticas, a compreensão a respeito de suas práticas e as situações nas quais eles trabalham" (p. 167). Eles citam alguns trabalhos na Austrália, os quais têm envolvido professores e estudantes em pesquisa-ação.

No final dos anos 70 e início dos 80, Stephen Kemmis liderou um grupo que estava preocupado em desenvolver pesquisa-ação para além do pragmatismo estreito e das intervenções planejadas das agências externas. O grupo australiano questionou modelos mais antigos e tradicionais de pesquisa-ação considerados essencialmente conservadores e positivistas. Na opinião desse grupo, "quando a pesquisa-ação torna-se mais metodologicamente sofisticada e tecnicamente competente, ela perde sua margem crítica" (ANDERSON, HERR e NIHLEN, p. 16).

Kemmis e Grundy (1997) comparam a emergência da pesquisa-ação australiana com as suas parceiras na Grã-Bretanha, na Europa Continental e nos Estados Unidos:

> É importante notar que a pesquisa-ação na educação australiana emergiu de maneira distinta de suas parceiras na Grã-Bretanha, na Europa Continental e nos Estados Unidos da América. A pesquisa-ação inglesa nos anos 70 compartilhou com a pesquisa-ação australiana o estilo de trabalho participativo e colaborativo, mas foi menos estrategicamente orientada e provavelmente menos politicamente consciente. Ela enfatizou a investigação interpretativa enquanto a pesquisa-ação australiana foi mais crítica. A pesquisa-ação na Europa continental dividiu com a experiência australiana uma perspectiva crítica semelhante, mas aparentemente não desenvolveu a mesma responsabilidade prática do trabalho australiano, e a pesquisa-ação americana desenvolveu-se mais orientada para os professores e por eles controlada. (p. 40)

Finalmente, de fato, a retomada do interesse em "pesquisa dos educadores" e outras formas de investigação profissional nos Estados Unidos tem e continua a ter, de acordo com Cochran-Smith e Lytle (1999), um distinto caráter popular.

Como afirmado por Anderson, Herrr e Nihlen (1994), embora o movimento dos educadores-pesquisadores nos Estados Unidos surgiu mais tarde do que na América Latina e Inglaterra, "ele não foi derivado de nenhum desses movimentos anteriores e nem foi ele uma reapropriação do movimento de pesquisa-ação na América do Norte dos anos 40 e 50" (p. 19-20).

Esses autores apontam seis condições que poderiam explicar a emergência do movimento dos educadores-pesquisadores nos Estados Unidos: 1. A partir do final dos anos 60, a pesquisa qualitativa em educação desafiou formas tradicionais de investigação educacional, ajudando a abrir a porta para a pesquisa feita por professores; 2. O desenvolvimento da pesquisa colaborativa, na qual professores são convidados para trabalhar em conjunto com especialistas para melhoria de suas práticas, também auxiliou a promoção da "pesquisa dos educadores"; 3. A partir do trabalho de Donald Schön, a conexão entre a pesquisa profissional e a noção de profissionalização tornou-se mais clara; 4. O compromisso dos professores em escrever levou à publicação de suas experiências como educadores-pesquisadores; 5. Em muitas universidades, programas de formação de professores começaram a enfatizar a investigação docente; 6. O movimento de reestruturação da escola começou mais recentemente a propor mudanças nas escolas para criar condições que fomentassem a pesquisa dos professores bem como a reflexão da prática (p. 20-22).

Além disso, Anderson e Herr (1999) apontam outros fatores que também contribuem para o crescimento do movimento dos educadores-pesquisadores nos Estados Unidos:

> O número de professores do ensino fundamental com mestrado e, em alguns casos, com doutorado, está aumentando. A administração local em algumas escolas está abrindo espaços e recursos para professores se encontrarem para desenvolver pesquisa-ação colaborativa e constituir grupos de estudo, e cada vez mais os resultados de tal trabalho têm sido sistematicamente registrados. Várias revistas com corpo editorial passaram a existir para a publicação desse tipo de pesquisa e muitos livros sobre "pesquisa dos educadores" estão sendo organizados. Embora ainda raras, revistas acadêmicas estão também publicando pesquisa feita por professores. (p. 13)

Cochran-Smith e Lytle (1999) chamam a nossa atenção para a grande diversidade dentro do movimento de educadores-pesquisadores nos Estados Unidos. Como afirmado por elas, "o movimento não é monolítico" (p. 22). Consequentemente, torna-se "difícil às vezes distinguir entre as ideologias subjacentes aquelas que levam à genuína reestruturação dos papéis dos professores e das escolas e aquelas que conservam a cultura da sala de aula, das escolas e universidades intacta" (p. 17). De acordo com essas autoras, o crescimento desse movimento permite um paradoxo: "ele corre o risco de se tornar tudo e nada". (p. 17). Em relação ao futuro do movimento, as autoras dividem com grupos previamente citados neste capítulo uma preocupação similar do risco de perda de suas características críticas e emancipatórias.

Portanto, mesmo influenciado por diferentes tipos de movimentos, em momentos históricos distintos, o atual movimento dos educadores-pesquisadores tem suas próprias características. Os principais aspectos desse movimento serão apresentados em um tópico mais adiante.

Formação de professores: modelos hegemônicos e contra-hegemônicos

Diferentes modelos lutam por posições hegemônicas no campo da formação de professores: de um lado aqueles baseados no modelo da racionalidade técnica e de outro aqueles baseados no modelo da racionalidade prática e no modelo da racionalidade crítica.

Modelos técnicos de formação docente

Os modelos mais difundidos de formação de professores são aqueles relacionados ao modelo da racionalidade técnica. De acordo com esse modelo, também conhecido como a epistemologia positivista da prática, "a atividade profissional consiste na solução instrumental de um problema feita pela rigorosa aplicação de uma teoria científica ou uma técnica" (Schön, 1983, p. 21).

De acordo com Carr e Kemmis (1986), a visão de educação como uma ciência aplicada não é nova. Durante o século XIX e início do XX, muitas pessoas afirmaram que o ensino melhoraria pela aplicação do método científico. O papel da teoria seria iluminar o pensamento dos professores, isto é, "a teoria relacionaria-se com a prática fornecendo o exame crítico das experiências educacionais práticas" (p. 56). B. F. Skinner, juntamente com outros psicólogos comportamentalistas, foi o mais influente defensor desse modelo.

De acordo com essa visão, a prática educacional é baseada na aplicação do conhecimento científico e questões educacionais são tratadas como problemas "técnicos" os quais podem ser resolvidos objetivamente por meio de procedimentos racionais da ciência. Além disso, "a teoria educacional pode usar leis causais para prever e, portanto, controlar os resultados de diferentes cursos da ação prática" (p. 66). Do mesmo modo, pesquisadores educacionais "puros" estão, como cientistas das ciências naturais, perseguindo conhecimento objetivo por meio de investigação científica e pesquisadores da educação "aplicada" fornecem "respostas para questões científicas que foram levantadas dentro de um quadro de fins educacionais" (p. 70). Assim, ambos permanecem como atividades livres de valores e neutras.

Schön (1983) discute, a partir do modelo hierárquico de conhecimento profissional, que a pesquisa é institucionalmente separada da prática. Em suas palavras:

> Pesquisadores supostamente fornecem a ciência básica e aplicada a partir da qual derivam técnicas para diagnóstico e solução dos problemas da prática. Profissionais supostamente suprem os pesquisadores com problemas para estudo e testes a respeito da utilidade dos resultados de pesquisa. O papel do pesquisador é distinto e normalmente considerado superior ao papel do profissional. (p. 26)

Do mesmo modo, Carr e Kemmis (1986) afirmam que o papel do professor, baseado na visão científica da teoria e prática educacional, é de passiva conformidade com as recomendações práticas dos teóricos e pesquisadores educacionais. Segundo eles,

> Professores não são vistos como profissionalmente responsáveis por fazer decisões e julgamentos em educação, mas somente pela eficiência com a qual eles implementam as decisões feitas por teóricos educacionais; somente com base em seu conhecimento científico sobre a prática educacional, esta poderia ser melhorada. (p. 70)

De acordo com Schön (1983), a divisão hierárquica entre pesquisa e prática está também refletida no currículo normativo da escola profissional. A regra é: primeiro, a ciência básica e aplicada, então, as habilidades para aplicação aos problemas práticos advindos do mundo real. Como Schön afirma:

> A partir do ponto de vista do modelo da racionalidade técnica institucionalizado no currículo profissional, o conhecimento real baseia-se em teorias e técnicas da ciência básica e aplicada. Portanto, essas disciplinas devem vir primeiro. "Habilidades" no uso da teoria e da técnica para resolver problemas concretos devem vir mais tarde, quando os estudantes já tiverem aprendido a ciência relevante – primeiro, porque ele não pode aprender habilidades de aplicação sem antes aprender conhecimento aplicável e segundo porque habilidades são um tipo ambíguo e secundário de conhecimento. (p. 28)

Resumindo, de acordo com o modelo da racionalidade técnica, o professor é visto como um técnico, um especialista que rigorosamente põe em prática as regras científicas e/ou pedagógicas. Assim, para se preparar o profissional da educação, conteúdo científico e/ou pedagógico é necessário, o qual servirá de apoio para sua prática. Durante a prática, professores devem aplicar tais conhecimentos e habilidades científicos e/ou pedagógicos.

Há pelo menos três conhecidos modelos de formação de professores que estão baseados no modelo de racionalidade técnica: *o modelo de treinamento de habilidades comportamentais*, no qual o objetivo é treinar professores para desenvolverem habilidades específicas e observáveis (AVALOS, 1991, TATTO, 1999); o *modelo de transmissão*, no qual conteúdo científico e/ou pedagógico é transmitido aos professores, geralmente ignorando as habilidades da prática de ensino (AVALOS, 1991); o *modelo acadêmico tradicional*, o qual assume que o conhecimento do conteúdo disciplinar e/ou científico é suficiente para o ensino e que aspectos práticos do ensino podem ser aprendidos em serviço (ZEICHNER, 1983; LISTON e ZEICHNER, 1991; TABACINICK e ZEICHNER, 1991).

Em diferentes países do mundo, mesmo considerando algumas variações, a maioria dos currículos de formação de professores é construída de acordo com o modelo da racionalidade técnica. Instituições internacionais de fomento, tais como o Banco Mundial (BM), são as principais responsáveis pela promoção de reformas conservadoras em programas de formação de professores, especialmente em países em desenvolvimento. Certamente, o Banco Mundial tem sido um dos mais importantes veículos de divulgação da racionalidade técnica e científica em reformas educacionais e mais especificamente na formação de professores no mundo.

Darling-Hammond e Cobb (1995) analisaram, por meio de um estudo de educação comparada, diferentes programas de formação de professores em muitos países – membros do *Asia-Pacific Economic Cooperative* (APEC), tais como os Estados Unidos, Canadá, Japão, República Popular da China, Austrália, Nova Zelândia e outros. Eles concluem que esses programas seguem basicamente o mesmo padrão. Em suas palavras:

> Embora existam algumas variações no conteúdo do currículo dos programas de formação de professores, a maioria oferece alguma combinação de cursos em disciplinas específicas, materiais e métodos

de ensino, desenvolvimento da criança e outros cursos de educação, tais como psicologia educacional, história e filosofia da educação, bem como a prática de ensino. A extensão dos cursos de educação variam de acordo com o nível de ensino. (p. 3)

De acordo com Zeichner e Dahlstrom (1999), o modelo de treinamento de habilidades comportamentais tem sido o dominante da formação de professores na África, bem como em outros países em desenvolvimento.

Finalmente, uma visão alternativa de formação docente, mais descritiva e interpretativa do que explanatória e preditiva, defende a ideia que a pesquisa educacional "emprega uma metodologia a qual a capacita descrever como os indivíduos interpretam suas ações e as situações nas quais eles atuam" (CARR e KEMMIS, p. 79). Essa visão alternativa será apresentada no tópico a seguir.

MODELOS PRÁTICOS DE FORMAÇÃO DOCENTE

Modelos alternativos de formação de professores emergiram a partir do modelo da racionalidade prática, no mínimo, desde o início do século XX. O trabalho de Dewey é considerado a semente de muitos dos atuais escritos sobre o modelo da racionalidade prática em educação.

De acordo com Carr e Kemmis (1986), a visão prática concebe a educação como um processo complexo ou uma atividade modificada à luz de circunstâncias, as quais somente podem ser "controladas" por meio de decisões sábias feitas pelos profissionais, ou seja, por meio de sua deliberação sobre a prática. De acordo com essa visão, a realidade educacional é muito fluida e reflexiva para permitir uma sistematização técnica.

> Profissionais sábios e experientes desenvolverão julgamentos altamente complexos e agirão com base nesses julgamentos para intervir na vida da sala de aula ou da escola e influenciar os eventos de uma ou outra maneira. Mas os eventos da escola e da sala de aula terão sempre um caráter indeterminado e aberto. A ação dos profissionais em questão nunca controlará ou determinará completamente a manifestação da vida da sala de aula ou da escola. (p. 36)

Em suma, "a prática não pode ser reduzida ao controle técnico" (p. 36). Assim, o conhecimento dos profissionais não pode ser visto como um conjunto de técnicas ou como um *kit* de ferramentas para a produção da aprendizagem. Mesmo admitindo a existência de alguns "macetes" e técnicas,

> [...] o conhecimento profissional dentro dessa visão não consiste em projetar um conjunto de objetivos seqüenciados e técnicas as quais 'dirigem' os aprendizes para os resultados da aprendizagem esperada. Ele consiste da direção e redireção espontânea e flexível do processo da aprendizagem, guiada por uma leitura sensível das mudanças sutis e da reação de outros participantes desse processo. (p. 37)

O julgamento profissional é portanto "guiado por critérios advindos do processo por si mesmo, ou seja, critérios baseados na experiência e aprendizagem, os quais distinguem processos educacionais de não-educacionais e os quais separam as boas práticas das indiferentes ou ruins" (p. 37).

Nos anos 60, a ênfase sobre o prático foi restaurada como fonte para o pensamento educacional por meio dos trabalhos de J. Schwab (VAN MANEN, 1977). Schwab "discute que o modelo teórico fragmenta o currículo como campo e como prática. [...] Ele não ajuda o profissional no mundo real a fazer escolhas sobre o que se deve fazer a seguir" (CARR e KEMMIS, 1986, p. 17). De acordo com os autores, "a publicação de '*O prático*' teve um grande efeito sobre o trabalho acadêmico no currículo. [...] Ele restaura o julgamento prático como uma arte essencial na construção do currículo" (p. 18).

Na Inglaterra, a noção do professor como pesquisador – sobre a qual o trabalho de Stenhouse teve um grande impacto – chama a atenção da profissão como um elemento de seu profissionalismo por meio do senso da autonomia e responsabilidade profissional.

Carr e Kemmis (1986) afirmam que Schwab e Stenhouse "reconheceram a necessidade dos professores serem centrais no currículo e concebidos como realizadores, fazendo julgamentos baseados em seu próprio conhecimento e experiência e nas demandas das situações práticas" (p. 18).

Nos anos 80, Schön (1983) sugere que olhemos mais cuidadosamente para "uma epistemologia da prática implícita nos processos artísticos e intuitivos, os quais alguns profissionais trazem em situações de incerteza, instabilidade, excepcionalidade e conflito de valor"

(p. 49). De acordo com ele, a vida rotineira do profissional depende de um conhecimento na ação tácito. Ao invés das dicotomias da racionalidade técnica, Schön prefere conceber os profissionais como aqueles que não separam o pensar do fazer. Como ele afirma, "Quando alguém reflete na ação, ele torna-se um pesquisador no contexto prático. Ele não é dependente de categorias teóricas e técnicas preestabelecidas, mas constrói uma nova teoria de um caso único" (p. 68). Dessa maneira, em seu ponto de vista, reflexão-na-ação é central para a arte por meio da qual profissionais às vezes enfrentam situações "divergentes" e incômodas da prática (p. 62).

Como ainda apontado por Schön (1983), "crescentemente nos tornamos conscientes da importância do fenômeno real da prática – complexidade, incerteza, instabilidade, excepcionalidade e conflito de valor – o qual não é compatível com o modelo da racionalidade técnica (p. 39). Em suas palavras,

> No mundo real da prática, problemas não são apresentados ao profissional como dados. Eles devem ser construídos a partir de elementos das situações problemáticas, os quais são enigmáticos, inquietantes e incertos. Para converter uma situação problemática em um problema, o profissional deve fazer um certo tipo de trabalho. Ele deve compreender uma situação ambígua que inicialmente não era por ele compreendida. (p. 40)

Em suma, discussões atuais sobre a carreira docente enfatizam a complexidade dessa profissão, que envolve conhecimento teórico e prático, marcada pela incerteza e brevidade de suas ações. Os professores têm sido vistos como um profissional que reflete, questiona e constantemente examina sua prática pedagógica cotidiana, a qual por sua vez não está limitada ao chão da escola.

Existem no mínimo três modelos de formação de professores dentro do modelo da racionalidade prática: *o modelo humanístico*, no qual professores são os principais definidores de um conjunto particular de comportamentos que eles devem conhecer a fundo (ZEICHNER, 1983; TATTO, 1999); o modelo de *"ensino como ofício"*, no qual o conhecimento sobre ensino é adquirido por tentativa e erro por meio de uma análise cuidadosa da situação imediata (TATTO, 1999); *o modelo orientado pela pesquisa*, cujo propósito é ajudar o professor a analisar e refletir sobre sua prática e trabalhar na solução de problemas de ensino e aprendizagem na sala de aula (TABACHNICK e ZEICHNER, 1991).

Esses modelos procuram superar as barreiras colocadas pelo modelo positivista de formação de professores. De fato, novas formas de pensar a formação de professores tentam romper com concepções tradicionais e dominantes na formação docente. Contudo, já existem sinais de que a pesquisa-ação tem sido "raptada" a serviço da racionalidade técnica (ELLIOT, 1991). Organizações internacionais conservadoras, incluindo o Banco Mundial, têm recentemente apropriado o discurso da racionalidade prática para manter seu controle sobre os programas de formação de professores.

Finalmente, o livro de Carr e Kemmis, Becoming Critical: *Education, Knowledge and Action Research*, baseado na Teoria Crítica (Escola de Frankfurt) e na ciência sociocrítica de Habermas, apresenta uma visão diferente da relação teoria-prática – uma visão crítica, em que o principal objetivo é a transformação da educação e da sociedade.

MODELOS CRÍTICOS DE FORMAÇÃO DOCENTE

De acordo com Carr e Kemmis (1986), as visões técnica e prática não são muito distintas no que tange a educação. "De um lado, professores desejam enfatizar os objetivos complexos da educação contemporânea, os quais requerem habilidades sofisticadas e conhecimento técnico sobre métodos de ensino. De outro, eles querem enfatizar sua autonomia como profissionais, o que requer deliberação prática" (p. 38). Ainda em suas palavras,

> Enquanto os pesquisadores positivistas da educação podem freqüentemente ser descritos como "objetivistas", enfatizando a natureza objetiva do conhecimento como independente do observador, e pesquisadores interpretativistas da educação podem ser descritos como "subjetivistas", enfatizando a compreensão subjetiva do ator como base para a interpretação da realidade social, pesquisadores críticos da educação, incluindo aqueles que atuam na pesquisa-ação, adotam uma visão de racionalidade dialética. Portanto, [...] tais pesquisadores tentam descobrir como situações são forçadas por condições "objetivas" e "subjetivas" e procuram explorar como tais tipos de condições podem ser transformados. (p. 183)

No modelo da racionalidade crítica, educação é *historicamente localizada* – ela acontece contra um pano de fundo sócio-histórico e projeta uma visão do tipo de futuro que nós esperamos construir –, uma *atividade social* – com consequências sociais, não apenas uma questão de desenvolvimento individual –, *intrinsecamente política* – afetando as escolhas de vida daqueles envolvidos no processo – e, finalmente, *problemática* – "seu propósito, a situação social que ele modela ou sugere, o caminho que ele cria ou determina relações entre os participantes, o tipo de meio na qual ele trabalha e o tipo de conhecimento para o qual ele dá forma" (CARR e KEMMIS, 1986, p. 39). Os autores continuam sua análise sobre o modelo crítico afirmando,

> Ele carrega uma visão de pesquisa educacional como análise crítica que direciona a transformação da prática educacional, os entendimentos sobre educação, e os valores educacionais daqueles envolvidos no processo, e as estruturas sociais e institucionais, as quais fornecem o esqueleto para sua ação. Nesse sentido, uma ciência da educação crítica não é uma pesquisa *sobre* ou *a respeito de educação*, ela é uma pesquisa na e para a educação (p. 156).

"Pesquisa" é a palavra chave quando ensino e currículo são tratados de um modo crítico e estratégico. De acordo com os autores, "um tipo de pesquisa que ele sugere requer que professores se tornem figuras críticas na atividade de pesquisa". Um "projeto de pesquisa" não significa apenas "investigar atitude sobre o ensino e o currículo" mas também "um domínio específico de ação estratégica será selecionada para uma investigação mais sistemática e continuada" (p. 40). Como eles ainda afirmam, "quando professores adotam uma perspectiva de projeto, eles também criam oportunidades para aprender a partir de sua experiência e planejar sua própria aprendizagem (p. 40). Desse modo,

> [...] ele ou ela ajuda a estabelecer *comunidades críticas de pesquisa* no ensino, no currículo e na organização da escola, e administração de grupos dentro da escola, da escola como um todo ou entre escolas. Essa auto-reflexão crítica, empreendida em uma comunidade autocrítica, usa comunicação como um meio para desenvolver um sentido de experiência comparada, para descobrir determinantes locais ou imediatos sobre a ação pela compreensão dos contextos dentro dos quais outros trabalham e convertendo experiência em discurso, usando a linguagem como auxílio para a análise e o desenvolvimento de um vocabulário crítico, o qual fornece os termos para a reconstrução prática. (p. 40)

No modelo crítico, o professor é visto como alguém que levanta um problema. Como se sabe, alguns modelos dentro da visão técnica e prática também concebem o professor como alguém que levanta problemas. Contudo, tais modelos não compartilham a mesma visão sobre essa concepção a respeito da natureza do trabalho docente. Os modelos técnicos têm uma concepção instrumental sobre o levantamento de problemas; os práticos têm uma perspectiva mais interpretativa e os modelos críticos têm uma visão política explícita sobre o assunto. De acordo com Shor (1992), o levantamento de problemas tem raiz no trabalho de Dewey e Piaget. Entretanto, foi Freire quem desenvolveu uma ideia política sobre tal concepção, por meio de seu método do "diálogo de levantamento de problemas", no qual "o professor é freqüentemente definido como alguém que levanta problemas e dirige um diálogo crítico em sala de aula; levantamento de problema é um sinônimo de pedagogia" (p. 31):

> Como pedagogia e filosofia social, o levantamento de problema enfatiza relações de poder em sala de aula, na instituição, na formação de critérios padronizados de conhecimento e na sociedade como um todo. Ele considera o contexto social e cultural da educação, perguntando como a subjetividade do estudante e suas condições econômicas afetam o processo de aprendizagem. A cultura do estudante bem como a desigualdade e a democracia são temas centrais para educadores "levantadores de problemas", quando eles examinam cuidadosamente o ambiente para a aprendizagem. (p. 31)

No modelo Freiriano, o levantamento de problemas é concebido como "um processo mútuo para estudantes e professores questionarem o conhecimento existente, o poder e as condições" (p. 33). Assim, uma comunidade de professores-pesquisadores, com estudantes como coinvestigadores, estabelece um processo democrático e centrado no aluno, por meio do qual o currículo é construído "de baixo para cima" ao invés de ser construído "de cima para baixo".

Existem no mínimo três modelos baseados na racionalidade crítica: *o modelo sociorreconstrucionista*, o qual concebe o ensino e a aprendizagem como veículos para a promoção de uma maior igualdade, humanidade e justiça social na sala de aula, na escola e na sociedade (LISTON e ZEICHNER, 1991); *o modelo emancipatório ou transgressivo*, o qual concebe a educação como expressão de um ativismo político e imagina a sala de aula como um local de possibilidade, permitindo ao professor construir modos coletivos para ir além dos limites, para transgredir (HOOKS,

1994); e *o modelo ecológico crítico*, no qual a pesquisa-ação é concebida como um meio para desnudar, interromper e interpretar desigualdades dentro da sociedade e, principalmente, para facilitar o processo de transformação social (CARSON e SUMARA, 1997).

Como eu disse anteriormente, organizações internacionais conservadoras, incluindo o Banco Mundial, têm recentemente cooptado o discurso da "pesquisa dos educadores" para manter seu controle sobre os programas de formação de professores. Portanto, é indispensável hoje em dia distinguir propostas geradas a partir de "cima" e iniciativas criadas por movimentos de "baixo para cima". Igualmente, é essencial diferenciar concepções técnicas da "pesquisa dos educadores", as quais veem tal atividade apenas como ferramenta para a melhoria do ensino, de concepções críticas, estrategicamente orientadas e politicamente conscientes. O atual movimento dos educadores-pesquisadores tem um potencial para se tornar um exemplo de um movimento global que poderia lutar contra concepções conservadoras de formação docente.

PRINCIPAIS CARACTERÍSTICAS DO ATUAL MOVIMENTO DOS EDUCADORES-PESQUISADORES

Ao apresentar algumas definições e uma breve revisão histórica do movimento dos educadores-pesquisadores, eu introduzi algumas de suas características. Nesta parte do capítulo, eu tentarei responder às seguintes questões: É o atual movimento dos educadores-pesquisadores um movimento global? Ou ainda, é ele uma iniciativa contra-hegemônica?

Inicialmente, parece claro que quando nos referimos ao atual movimento de "pesquisa dos educadores", estamos falando sobre um movimento internacional crescente. A visão do desenvolvimento da "pesquisa dos educadores" como um movimento global está sendo crescentemente compartilhada entre diferentes pessoas em todo o mundo. Por exemplo, o livro organizado por Hollingsworth (1997) é uma evidência que a pesquisa-ação na educação tem acontecido simultaneamente em diferentes países no mundo, tais como Estados Unidos, Reino Unido, África do Sul, Malásia, Austrália, Canadá, México, Áustria, Itália, Israel e outros. Ainda, outras publicações apontam tal movimento como um fenômeno que de fato vem expandindo mundialmente. Como indicado por Zeichner (1994):

> [...] esse movimento internacional [ele refere-se ao movimento da prática reflexiva], que tem sido desenvolvido no ensino e na formação de professores sob a bandeira da reflexão, pode ser visto como uma reação à visão de professores como técnicos, ou como aqueles que meramente fazem aquilo que outros, distantes da sala de aula, querem que eles façam, uma rejeição a formas de reforma educacional de "cima para baixo" que envolvem professores meramente como participantes passivos. (p. 10)

Portanto, é verdade que o movimento dos educadores-pesquisadores tem estendido seu alcance por todo o mundo. Com o propósito de entender e transformar sua própria prática, promovendo transformações educacionais e sociais, professores de diferentes partes do mundo têm realizado pesquisa nas escolas. Contudo, as pessoas que concordam com esse crescimento do caráter global do movimento de "pesquisa dos educadores" não têm a mesma opinião sobre os propósitos desse fenômeno educacional.

De um lado, algumas pessoas acreditam que o desenvolvimento da "pesquisa dos educadores" no mundo é resultado do papel de instituições de fomento internacional, entre elas o Banco Mundial, na promoção de reformas conservadoras nos programas de formação de professores, especialmente nos países em desenvolvimento. Como eu disse anteriormente, essas organizações internacionais conservadoras têm recentemente cooptado o discurso da "pesquisa dos educadores" para manter seu controle sobre os programas de formação docente. Dessa maneira, a visão de ensino como uma forma de pesquisa educacional implica apenas na intensificação do trabalho dos professores.

Como afirmado por Apple (1993), um dos efeitos negativos da restauração conservadora na educação é a desqualificação e degradação do trabalho docente. Além dos baixos salários e de serem menos respeitados, os professores vêm perdendo seu controle sobre o seu próprio trabalho. Sua autonomia tem sido reduzida. Consequentemente, é essencial enfatizar que é impossível falar sobre a "pesquisa dos educadores" sem discutir as condições de trabalho dos professores e a qualificação profissional. Como se sabe, existem diferenças enormes entre os países mais ricos e os mais pobres em termos das condições de trabalho dos professores e de sua qualificação profissional. Como um fenômeno global, a "pesquisa dos educadores" pode tornar-se um movimento que também luta por melhoria nas condições de trabalho e na qualificação profissional para os professores no mundo inteiro.

Por outro lado, de acordo com outras pessoas, algumas características da "pesquisa dos educadores", tais como "tornar-se um verdadeiro movimento popular e democrático de produção de conhecimento e de transformações educacionais e sociais" (ANDERSON, HERR e NIHLEN, 1994, p. 23), vêm conduzindo-o em direção a um fenômeno global contra-hegemônico. De acordo com Anderson, Herr e Nihlen (1994):

> Muitos vêem a pesquisa profissional como um movimento social no qual os profissionais procuram assegurar suas próprias formas de conhecimento educacional e o processo organizacional como esse conhecimento é válido. Em termos pós-modernos, o conhecimento dos profissionais da educação, juntamente com o conhecimento de outros grupos marginalizados como o de mulheres, os pobres e alguns grupos étnicos e raciais, é um conhecimento subjugado. (p. 42)

Como indicado por Cochran-Smith e Lytle (1993), "levada seriamente, a 'pesquisa dos educadores' representa um desafio radical para concepções tradicionais da relação teoria e prática, das parcerias entre escola e universidades, e entre estruturas das escolas e reforma educacional" (p. 23). Elas acreditam que a "pesquisa dos educadores tem o potencial para redefinir a noção de um conhecimento básico para o ensino e desafiar a hegemonia da universidade na geração de conhecimento especializado e do currículo" (p. xiv).

Além disso, as autoras afirmam que, ao fazer pesquisa, o professor estreita a lacuna entre ele e o pesquisado (os alunos e a comunidade escolar). "Noções de subjetividade e objetividade da pesquisa são redefinidas: conhecimento subjetivo e local ao invés de uma 'verdade' objetiva e distanciada é o propósito" (p. 58).

Bissex e Bullock (1987) também afirmam que a "pesquisa dos educadores" é um agente natural de mudança: "Fazer pesquisa em sala de aula muda os professores e a profissão docente de dentro para fora, de baixo para cima, por meio de mudanças nos próprios professores. E é sobre esse aspecto que se encontra o poder" (citado em COCHRAN-SMITH e LYTLE, 1993, p. 22).

Anderson, Herr e Nihlen (1994) concordam com os pontos de vista indicados acima. Nas suas palavras:

> Quando os profissionais da escola tornarem-se mais ativos em compartilhar seu trabalho e a "pesquisa dos educadores" tornar-se um

movimento ampliado de base, tal pesquisa tem o potencial para rejeitar as hierarquias dualísticas entre universidade e escola, conhecimento e ação, teoria e prática. (p. 23)

Além disso, Anderson, Herr e Nihlen (1994) defendem a ideia de que os estudantes e os pais, os grupos mais oprimidos em termos dos sistemas escolares, devem ser incluídos nas investigações dos professores:

> Embora os profissionais da educação podem sentir-se diretamente oprimidos em suas condições de trabalho, os grupos mais oprimidos, os membros organizacionais mais relativamente sem poder, são os estudantes e os pais pobres e de grupos minoritários, ou cujas crianças vivem em comunidades marginalizadas.
> Por essa razão, sempre quando possível, profissionais são aconselhados a incluir estudantes e pais em suas pesquisas e devem estar dispostos a submeter suas próprias crenças (mesmo as "progressistas") para avaliação quando seus estudantes e a comunidade as questionam. (p. 43)

No quadro a seguir (Quadro 01), procuro sintetizar as principais características da "pesquisa dos educadores" em comparação à investigação tradicionalmente realizada por pesquisadores acadêmicos.

Quadro 01
Principais características dos pesquisadores
acadêmicos tradicionais e dos educadores-pesquisadores
e das pesquisas que ambos realizam

Características	Pesquisadores Acadêmicos	Educadores-Pesquisadores
Em termos de gênero	Homens e mulheres.	Maioria mulheres.
Em termos de classe	Classe média (média e média-alta).	Classe média (média e média-baixa).
Em termos de raça	Maioria brancos.	Crescente número de negros e outras "minorias".
Nível de ensino onde trabalham	Superior.	Fundamental e médio. Superior.

Características	Pesquisadores Acadêmicos	Educadores-Pesquisadores
Locais onde a pesquisa se realiza	Nas universidades. Nas escolas apenas com fim de coleta de dados.	Nas escolas e nas comunidades onde estas se inserem.
Propósito da pesquisa	Produção de conhecimento científico.	Conscientização política dos envolvidos e transformação social.
Metodologia	Distanciamento da prática para melhor compreendê-la.	Inserção na realidade prática para compreendê-la e transformá-la.
Participantes da pesquisa	As pessoas nas escolas e comunidades são concebidas apenas como fornecedoras de dados e informações.	As pessoas nas escolas e comunidades participam ativamente da investigação, desde sua elaboração até a aplicação de seus resultados.
Resultados da pesquisa	Discutidos teoricamente e avaliados somente pelos pares na academia.	Discutidos na comunidade. Devem guiar alguma ação concreta nessa comunidade.
Divulgação dos resultados de pesquisa	Em congressos e periódicos científicos. De circulação somente nos meios acadêmicos.	Primeiro na comunidade onde a pesquisa se realiza. Então em foruns e revistas visando aprender com outras experiências (estudos de casos).
Precauções	Não se deixar contaminar pela cultura do ambiente estudado.	Usar colaboradores externos como facilitadores da pesquisa e avaliadores críticos.

Obviamente, a "pesquisa dos educadores" enfrenta muitas barreiras para se estabelecer nos sistemas escolares. De acordo com Cochran-Smith (1993), quatro dos mais importantes obstáculos para a "pesquisa dos educadores" nos Estados Unidos são: o isolamento dos professores, a sua formação profissional, a base de conhecimento para ensinar e a reputação da pesquisa educacional:

> Em função de muitas características estruturais dos sistemas escolares, que constrangem reformas de "baixo para cima" ou de "dentro para fora", parece improvável que tais sistemas, tradicionalmente organizados para facilitar mudanças "de cima para baixo", reconhecerão prontamente e receberão passivamente o impacto potencial de reformas iniciadas por professores. (p. 22)

Embora a implementação da "pesquisa dos educadores" seja uma tarefa difícil, ela não é impossível. Apple e Beane (1985), por meio da análise de quatro experiências de *escolas democráticas* nos Estados Unidos, demonstram a potencialidade de reformas realizadas "de baixo para cima", ou seja, pelos educadores e pela comunidade da escola:

> Em nenhum dos casos [de escolas democráticas analisadas] foi o ímpeto gerado "de cima" [o responsável pelas reformas]. Em vez disso, movimentos "de baixo para cima" – grupos de professores, a comunidade, ativistas sociais e outros – forneceram a energia que guiou a mudança. Finalmente, nenhuma das reformas foi dirigida por um técnico, por uma visão de "progresso a todo custo". Ao invés disso, cada uma estava ligada a um conjunto mais amplamente definido de valores que foram colocados em prática: o aumento da participação nas bases e na escola, o fortalecimento de pessoas e grupos que normalmente são largamente silenciados, criando novos caminhos para ligar o mundo real e os problemas sociais reais com a escola; dessa maneira, a escola está integralmente conectada com a experiência das pessoas em suas vidas cotidianas. (p. 23)

Portanto, como a "pesquisa dos educadores" tem acontecido simultaneamente em vários países do mundo, parece que a investigação feita nas escolas tem crescentemente assumido um caráter internacional. Como ela tem sido realizada por pessoas oprimidas, algumas características potenciais do movimento dos educadores-pesquisadores poderiam fazer dele um fenômeno contra-hegemônico e global.

Finalmente, na última parte deste capítulo, discutirei o atual movimento dos educadores-pesquisadores como uma estratégia para se tentar romper com os programas de formação de professores baseados nos modelos técnicos e visando a construção de modelos críticos de formação docente.

Considerações finais

Como eu disse anteriormente, diferentes modelos lutam por posições hegemônicas nos programas de formação de professores: de um lado estão aqueles baseados no modelo da racionalidade técnica – modelos tradicionais e comportamentais de formação docente; de outro, aqueles baseados no modelo de racionalidade prática – modelos alternativos, nos quais o professor constantemente pesquisa sua prática pedagógica cotidiana – e aqueles baseados no modelo da racionalidade crítica – os quais são explicitamente orientados para promover maior igualdade e justiça social.

Carr e Kemmis (1986) defendem a ideia de que

> [...] o desenvolvimento de [...] uma teoria crítica da educação deve estar intrinsecamente relacionada ao desenvolvimento profissional dos professores. A maior autonomia e responsabilidade profissional requer que professores construam por eles mesmos uma teoria educacional por meio da reflexão crítica sobre seu próprio conhecimento prático. (p. 41)

Como indicado por Cochran-Smith e Lytle (1999), a "pesquisa dos educadores" está alinhada com alternativas baseadas em modelos críticos/feministas/reconstrucionistas para a pedagogia e o currículo. Elas defendem que a "pesquisa dos educadores" deve ser estimulada tanto nos programas de formação inicial como nos "em serviço":

> O que se requer tanto nos programas de formação inicial quanto nos "em serviço" são processos que estimulam professores e formadores de professores a construírem suas próprias questões e então começarem a desenvolver ações que são válidas em seu contexto local e nas comunidades. (p. 63)

Contudo, as autoras também levantam o seguinte problema: interromper os modelos tradicionais da formação profissional é algo extremamente difícil de se fazer consistentemente e completamente. Elas discutem que "estruturas inovadoras são necessárias mas não suficientes para perceber o potencial da "pesquisa dos educadores" como geração de uma forma de conhecimento legítima e única, bem como significado profundo do crescimento profissional que pode alterar radicalmente o ensino e a aprendizagem" (COCHRAN-SMITH e LYTLE, 1993, p. 85). Assim, não existem maneiras simples e óbvias de criar as condições que fomentem a "pesquisa dos educadores" nos programas de formação inicial e continuada de professores.

Ao mesmo tempo, na opinião dessas autoras, para se tentar resolver e superar esses problemas, "professores precisarão estabelecer redes de comunicação e criar fóruns onde tal colaboração seja possível" (p. 22).

> Superar esses obstáculos requer a construção e o apoio de comunidades intelectuais de professores pesquisadores ou redes de comunicação de pessoas que entrem em contato com outros professores, constituindo "uma pesquisa comum" com significado para suas vidas de trabalho (WESTERHOFF, 1987) e que olham sua pesquisa como parte de esforços mais amplos para transformar o ensino, a aprendizagem e a escola. (p. 85-86)

Anderson, Herr e Nihlen (1994) concordam com o ponto de vista anterior e afirmam que fóruns de educadores – seminários de pesquisa para professores – têm "como objetivo o apoio a professores que querem realizar suas pesquisas" (p. 77).

De acordo com Cochran-Smith e Lytle (1993), esses fóruns já estão, de fato, acontecendo e redes de comunicação de educadores-pesquisadores têm também se multiplicado nos Estados Unidos desde o início dos anos 80:

> Crescentemente, comunidades de educadores-pesquisadores de diferentes partes do país estão socializando seus trabalhos e desenvolvendo um conhecimento baseado na sala de aula a partir de investigações coletivas de professores em diferentes contextos. O crescimento dessas redes de comunicação começa assim a fornecer apoio para seus colegas do ensino por meio de conferências e publicações. (p. 57)

No atual contexto global, o desafio é estender o alcance dessas redes de comunicação para todo o mundo.

Concluindo, eu insisto que o movimento dos educadores-pesquisadores tem o potencial de se tornar um movimento global e contra-hegemônico assim como uma estratégia para superar os modelos tradicionais e conservadores da formação docente. Como um movimento "de baixo para cima" com um caráter crescentemente internacional, é possível imaginar comunidades de educadores-pesquisadores e redes de comunicação de pessoas de diferentes partes do mundo compartilhando suas experiências, lutando por melhores condições de trabalho e qualificação profissional, bem como tentando criar modelos coletivos, colaborativos e críticos de formação de professores.

Referências

ANDERSON, G. L., HERR, K., e NIHLEN, A. S. *Studying your own school: an educator's guide to qualitative practitioner research.* Thousand Oaks, CA: Corwin Press, 1994.

ANDERSON, G. L., e HERR, K. The New Paradigm Wars: Is There Room for Rigorous Practitioner Knowledge in Schools and Universities? *Educational Research*, v. 28, n. 5, 1999, p. 12-21.

APPLE, M. W. *Official Knowledge.* New York: Routledge, 1993.

APPLE, M. W. e BEANE, J. A. *Democratic Schools.* Alexandria, VA: ASCD, 1995.

AVALOS, B. *Approaches to Teacher Education: Initial Teacher Training.* London: Commonwealth Secretariat, 1991.

CALDART, R. S. *Educação em Movimento: Formação de educadoras e educadores no MST.* Petrópolis: Vozes, 1997.

CALDART, R. S. *Pedagogia do Movimento Sem Terra.* Petrópolis: Vozes, 2000.

CARR, W. Kemmis, S. *Becoming Critical: Education, Knowledge and Action Research.* London: The Falmer Press, 1986.

CARSON, T. R. e SUMARA, D. (orgs.). *Action Research as a Living Practice.* New York: Peter Lang, 1997.

COCHRAN-SMITH, M., e LYTLE, S. L. *Inside/outside: Teacher research and knowledge.* New York: Teachers College Press, 1993.

COCHRAN-SMITH, M., e LYTLE, S. L. The teacher research movement: A decade later. *Educational Research*, v. 28, n. 7, 1999, p. 15-25.

DARLING-HAMMOND, L. e COBB, V. L. (orgs.). *Teacher preparation and professional development in APEC members: A comparative study.* Washington: U.S. Department of Education, 1995.

ELLIOT, J. *Action Research for Educational Change.* Buckingham: Open University Press, 1991.

HOLLINGSWORTH, S. (org.). *International Action Research: A Casebook for Educational Reform.* Whashington: Falmer Press, 1997.

HOOKS, b. *Teaching to transgress: Education as the practice of freedom*. New York: Routledge, 1994.

KEMMIS, S. e GRUNDY, S. Educational Action Research in Australia: Organizations and Practice. In: S. Hollingsworth (Ed.). (1997). *International Action Research: A Casebook for Educational Reform*. Washington: Falmer Press, 1997, p. 40-48.

LISTON, D. e ZEICHNER, K. M. *Teacher Education and the Social Conditions of Schooling*. New York: Routledge, 1991.

SCHÖN, D. *The reflective practitioner*. New York: Basic Books, 1983.

SCHOR, I. *Empowering education: Critical teaching for social change*. Chicago: The University of Chicago Press, 1992.

TABACHNICK, B. R. e ZEICHNER, K. M. (orgs.). *Issues and Practices in Inquiry-Oriented Teacher Education*. London: Falmer Press, 1991.

TATTO, M. T. *Conceptualizing and Studying Teacher Education across World Regions: An Overview*. [Paper prepared for the conference: Teachers in Latin America]. 1999.

VAN MANEN, M. *Linking Ways of Knowing with Ways of Being Practical*. Curriculum Inquiry, v. 6, n. 3, 1977, p. 205-228.

ZEICHNER, K. M. Alternative Paradigms of Teacher Education. *Journal of Teacher Education*, v. 34, maio/jun. 1983, p. 3-9.

ZEICHNER, K. M. Research on teacher thinking and different views of reflective practice in teaching and teacher education. In: CARLGREN, I. HANDAL, G., e VAAGE, S. (orgs.). *Teachers' minds and actions*. London: Falmer Press, 1994, p. 9-27.

CARLGREN, I. HANDAL, G., e VAAGE, S. (orgs.). Action research and the preparation of reflective practitioners during the professional practicum: Lessons learned. *Practical Experiences in Professional Education*, v. 3, n. 1, 1999, p. 1-26.

ZEICHNER, K. M. *Teacher research as professional development*. Washington, D.C.: U.S. Department of Education, 2000.

ZEICHNER, K. M. Education Action Research. In: REASON, P.; BRADBURY, H. (orgs.). *Handbook of Action Research*. London: SAGE, 2001, p. 273-283.

ZEICHNER, K. M. e DAHLSTRÖM, L. (orgs.). *Democratic Teacher Education Reform in Africa: The Case of Namibia*. Boulder: Westview Press, 1999.

ZEICHNER, K. M. e NOFKE, S. Practitioner research. In: RICHARDSON, V. (org.). *Handbook of Research on Teaching*. 4 ed. Washington D.C.: AERA, 2000.

Capítulo 2
A pesquisa-ação participativa e o estudo da prática

Stephen Kemmis
Mervyn Wilkinson

Embora o processo de pesquisa-ação seja inadequadamente descrito em termos de uma sequência mecânica de passos, geralmente se acredita que ele envolve uma espiral de ciclos autorreflexivos de:
- planejamento de uma mudança;
- ação e observação do processo e das consequências dessa mudança;
- reflexão sobre esses processos e suas consequências, e então;
- replanejamento, e assim por diante (ver figura 2.1).

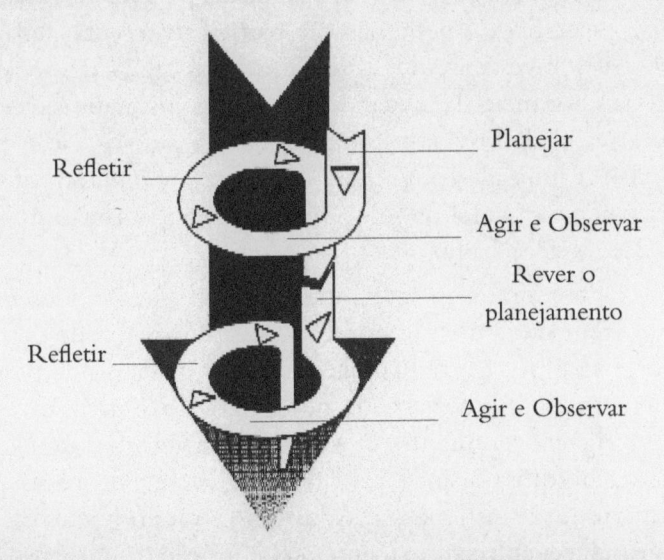

Fig. 2.1 - A espiral de ciclos autorreflexivos na pesquisa-ação

Na realidade, o processo de pesquisa-ação não é tão organizado como essa espiral de ciclos autocontidos de planejamento, ação e observação e reflexão sugere. Esses estágios sobrepõem-se e os planos iniciais rapidamente tornam-se obsoletos à luz do aprendizado a partir da experiência. Na verdade, o processo é provavelmente mais fluido, aberto e sensível. O critério para avaliar o sucesso da pesquisa-ação não se trata de os participantes terem ou não seguido os passos fielmente, mas se eles têm um senso definido e autêntico do desenvolvimento e da evolução de suas práticas, de seu entendimento acerca de suas próprias práticas e das situações em que exercem tais práticas.

Neste texto, sintetizamos nossa visão sobre pesquisa-ação participativa e sua função no estudo da prática. Na conclusão deste texto, sugerimos um conjunto de perguntas como forma de reflexão, por parte dos praticantes de pesquisa-ação, sobre os processos e resultados de seus projetos.

Pesquisa-ação participativa

Da forma pela qual a vemos, a pesquisa-ação participativa almeja ajudar as pessoas a investigarem a realidade para mudá-la (FALS BORDA, 1979). Ao mesmo tempo, também podemos dizer que ela procura auxiliar as pessoas a mudarem a realidade para investigá-la. Em termos mais específicos, a pesquisa-ação participativa tenta ajudar orientar as pessoas a investigarem e a mudarem suas realidades sociais e educacionais por meio da mudança de algumas das práticas que constituem suas realidades vividas. Em educação, a pesquisa-ação participativa pode ser utilizada como meio de desenvolvimento profissional, melhorando currículos ou solucionando problemas em uma variedade de situações de trabalho.

Defendemos que cada um dos passos assinalados na espiral de autorreflexão é melhor conduzido, se for realizado de forma colaborativa por coparticipantes durante o processo de pesquisa-ação. Nem todos os teóricos da pesquisa-ação enfatizam esse tipo de investigação enquanto processo colaborativo; alguns defendem que a pesquisa-ação é com frequência um processo solitário de autorreflexão sistemática. Admitimos que frequentemente é assim que ocorre; entretanto, mantemos a posição de que a pesquisa-ação é melhor definida em termos colaborativos. Uma razão para isso é que a pesquisa-ação é um processo social – e educacional – em si. Uma segunda e mais contundente razão para isso é que a pesquisa-ação volta-se para práticas de estudo, reestruturação e reconstrução que são, dada sua própria natureza, sociais. Se as práticas são constituídas na interação social entre pessoas, então práticas de mudança são um processo social. Para ter certeza, uma pessoa pode mudar para que outras sejam obrigadas a reagir ou responder de diferentes maneiras àquela mudança de comportamento individual, porém é necessária a disponibilidade e o compromisso de envolvimento por aqueles cujas interações constituem a prática, a fim de assegurar, ao final, a mudança. A pesquisa-ação participativa oferece uma oportunidade de criar fóruns onde as pessoas podem reunir-se enquanto coparticipantes da luta em prol de se refazer as práticas nas quais interagem – fóruns onde a racionalidade e a democracia podem ser buscadas juntas, sem uma separação artificial: o que pode ser ao final prejudicial para as duas. Em seu ponto mais alto, trata-se de um processo social e colaborativo de aprendizado conduzido por grupos de pessoas que se reúnem em torno da mudança de práticas por meio das quais interagem em um mundo compartilhado socialmente – um mundo onde, para o bem ou para o mal, vivemos uns com as consequências das ações dos outros.

Características centrais da pesquisa-ação participativa

Mencionamos anteriormente que, para muitas pessoas, a imagem da espiral de ciclos de autorreflexão (planejamento, ação e observação, reflexão, replanejamento e assim por diante) tornou-se uma característica dominante da pesquisa-ação enquanto um modelo. Em nossa opinião, a pesquisa-ação tem seis outras características fundamentais, pelo menos tão importantes quanto a espiral autorreflexiva. São elas:

1. *A pesquisa-ação participativa é um processo social:* Ela deliberadamente explora a relação entre os domínios individual e social. Reconhece que "nenhuma individualização é possível sem socialização, e nenhuma socialização é possível sem individualização" (Habermas, 1992, p. 26) e que os processos de individualização e socialização continuam a moldar os

indivíduos e as relações sociais em todos os contextos nos quais nos encontramos. A pesquisa-ação é um processo utilizado em investigações de contextos como o da educação e do desenvolvimento comunitário, nos quais as pessoas procuram entender – individual ou coletivamente – como são construídas e reconstruídas enquanto indivíduos, e em relação umas às outras, em uma variedade de contextos – por exemplo, quando professores trabalham em conjunto ou, ainda, quando trabalham junto aos alunos para melhorar os processos de ensino e aprendizagem na sala de aula.

2. *É participativa:* A pesquisa-ação envolve pessoas para o exame de seu conhecimento (entendimentos, habilidades e valores) e categorias interpretativas (os modos pelos quais elas interpretam a si mesmas e sua ação no mundo social e material). É um processo no qual cada indivíduo de um grupo procura participar da condução de como seu conhecimento modela sua noção de identidade e de ação, e refletir criticamente sobre como seu conhecimento atual estrutura e restringe sua ação. É também participativa no sentido de que as pessoas só podem realizar pesquisa-ação "sobre" elas mesmas – individual ou coletivamente. *Não* é uma pesquisa realizada "sobre" outros.

3. *É prática e colaborativa:* Ela envolve as pessoas para o exame das ações que as ligam a outras pessoas na interação social. É um processo em que as pessoas exploram seus atos de comunicação, produção e organização social, e procuram explorar meios de melhorar suas interações por meio de mudanças nos atos que constituem essas interações – para reduzir a extensão na qual os participantes experimentam essas interações (e suas consequências de longo prazo) enquanto irracionais, improdutivas (ou ineficientes), injustas e/ou insatisfatórias (alienantes). Aqueles que realizam pesquisa-ação almejam trabalhar juntos na reconstrução de suas interações sociais por meio da reconstrução de atos que as constituem. É uma pesquisa feita "com" outros.

4. *É emancipatória:* Ela objetiva ajudar as pessoas a recuperarem-se e libertarem-se das amarras das *estruturas* sociais irracionais, improdutivas, injustas e insatisfatórias que limitam seu

autodesenvolvimento e sua autodeterminação. É um processo em que as pessoas exploram os modos pelos quais suas práticas são moldadas e limitadas por estruturas sociais (culturais, econômicas e políticas) mais abrangentes, e no qual consideram a possibilidade de intervir a fim de se libertarem dessas limitações – ou, se elas não podem se libertar dessas limitações, que ao menos busquem a melhor maneira de trabalhar dentro e ao redor delas a fim de minimizar a extensão com que tais limitações contribuem para a irracionalidade, a improdutividade (ineficácia), a injustiça e a insatisfação (alienação) e enquanto pessoas cujo trabalho e cujas vidas contribuem para a estruturação de uma vida social compartilhada.

5. *É crítica:* Ela procura ajudar as pessoas a se recuperarem e a libertar-se das limitações arraigadas ao meio social em que interagem: sua língua (discursos), seus modos de trabalho e suas relações sociais de poder (na quais experimentam afiliação e diferença, inclusão e exclusão – relacionamentos nos quais, gramaticalmente falando, interagem uns com os outros na terceira, segunda ou primeira pessoa). É um processo no qual as pessoas deliberadamente partem para contestar e para reconstituir modos irracionais, improdutivos (ou ineficazes), injustos e/ou insatisfatórios (alienantes) de interpretar e descrever seu mundo (linguagem/discursos), de trabalhar (trabalho) e de se relacionar com outros (poder).

6. *É recursiva (reflexiva, dialética):* A pesquisa-ação também objetiva auxiliar as pessoas a investigarem a realidade para mudá-la (FALS BORDA, 1979) e a mudarem a realidade para investigá-la – em particular, por meio de mudanças em suas práticas por intermédio de uma espiral de ciclos de ação e reflexão crítica e autocrítica enquanto processo social deliberado, planejado para ajudá-las a aprender (e a teorizar) mais acerca de suas práticas, de seu conhecimento acerca de suas práticas, das estruturas sociais que limitam suas práticas e do meio social em que suas práticas são expressas e percebidas (ver figura 2.2). É um processo de aprendizado por meio do fazer – e aprendizado com outros por intermédio de mudanças nos modos com que interagem em um mundo compartilhado socialmente.

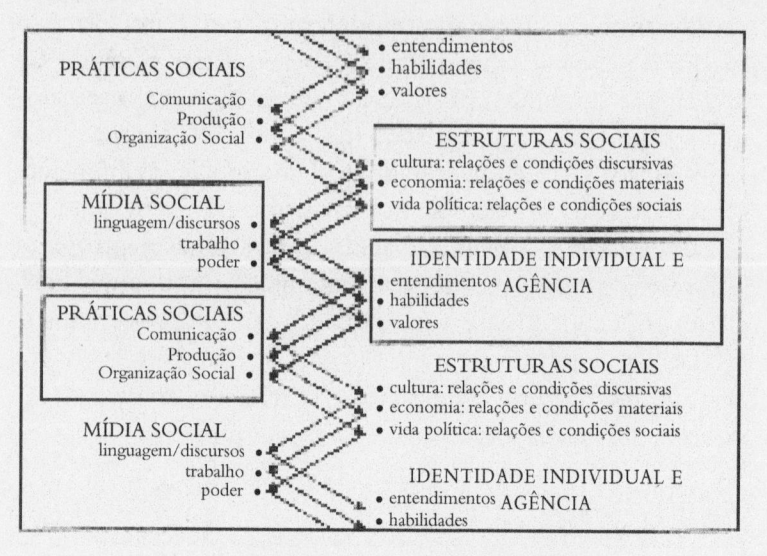

```
┌─────────────────────────────────────────────────────────┐
│  PRÁTICAS SOCIAIS         • entendimentos               │
│     Comunicação •         • habilidades                 │
│     Produção •            • valores                     │
│     Organização Social •                                │
│                          ESTRUTURAS SOCIAIS             │
│                          • cultura: relações e condições discursivas │
│     MÍDIA SOCIAL         • economia: relações e condições materiais  │
│     linguagem/discursos •• vida política: relações e condições sociais│
│     trabalho •                                          │
│     poder •              IDENTIDADE INDIVIDUAL E        │
│                          • entendimentos AGÊNCIA        │
│  PRÁTICAS SOCIAIS        • habilidades                  │
│     Comunicação •        • valores                      │
│     Produção •                                          │
│     Organização Social • ESTRUTURAS SOCIAIS             │
│                          • cultura: relações e condições discursivas │
│                          • economia: relações e condições materiais  │
│     MÍDIA SOCIAL         • vida política: relações e condições sociais│
│     linguagem/discursos •                               │
│     trabalho •           IDENTIDADE INDIVIDUAL E        │
│     poder •              • entendimentos AGÊNCIA        │
│                          • habilidades                  │
└─────────────────────────────────────────────────────────┘
```

Fig. 2.2 - Relações recursivas da mediação
social a qual a pesquisa-ação objetiva transformar

O ESTUDO DA PRÁTICA

A pesquisa-ação e o estudo da prática

Deve-se também enfatizar que a pesquisa-ação diz respeito a práticas reais, e não abstratas. Ela envolve aprendizado acerca das práticas reais, materiais, concretas e específicas de certas pessoas em locais específicos. Obviamente, como não é possível suspender a inevitável abstração que ocorre sempre que utilizamos a linguagem para nomear, descrever, interpretar e avaliar as coisas, a pesquisa-ação difere de outras formas de pesquisa por ser mais obstinada em mudar as práticas específicas de certos profissionais do que enfatizar práticas em geral ou de maneira abstrata. Em nossa visão, os praticantes de pesquisa-ação não têm que pedir desculpas ao ver seu trabalho como não sendo extraordinário ou não ocupando posição de destaque na História; existem perigos filosóficos e práticos no idealismo, que sugere que uma visão mais abstrata da prática pode tornar possível transcender a história, ou colocar-se a cima dela, e desilusões na visão de que é possível encontrar um porto seguro em proposições abstratas que constroem, mas que não constituem, em si mesmas, práticas. A pesquisa-ação é um processo de aprendizado cujos frutos são as mudanças reais e materiais:

- naquilo que as pessoas fazem;
- em como interagem com o mundo e com os outros;
- em suas intenções e naquilo que valorizam;
- nos discursos nos quais entendem e interpretam o mundo.

Por meio da pesquisa-ação, as pessoas podem vir a entender suas práticas sociais e educacionais de uma maneira mais rica ao localizarem suas práticas, o mais concreta e precisamente possível, nas circunstâncias materiais, sociais e históricas específicas, dentro das quais essas práticas são produzidas, desenvolvidas e onde evoluem – para que suas práticas reais tornem-se acessíveis à reflexão, discussão e reconstrução enquanto produtos de circunstâncias passadas, que são capazes de serem modificadas rumo a circunstâncias presentes e futuras. Ao reconhecer que toda prática é transitória e evanescente, e que somente pode ser concebida nas condições inevitavelmente abstratas (ainda que confortavelmente imprecisas) que a língua oferece, os praticantes de pesquisa-ação procuram entender suas próprias práticas específicas quando elas emergem em suas próprias circunstâncias específicas, sem reduzi-las ao fantasmagórico status do geral, do abstrato e do ideal – ou, talvez se deva dizer, do irreal.

Se a pesquisa-ação for entendida nesses termos, então, por meio de suas investigações, seus praticantes podem querer tornar-se particularmente sensíveis aos meios com os quais suas práticas específicas envolvem:

(a) atos de
- produção;
- comunicação;
- organização social;
- materiais, simbólicos e sociais.

(b) que modelam *estruturas sociais*, e são por elas modelados, nos níveis
- cultural;
- econômico;
- político.

(c) os quais modelam a mídia social, pela qual são também modelados a/o(s)
- linguagem/discursos;
- trabalho;
- poder.

(d) os quais, em alto grau, modelam o próprio *conhecimento* dos participantes, embora possa também por ele ser modelado, expresso

- nos entendimentos;
- nas habilidades;
- nos valores;
- dos participantes; os quais, por sua vez, modelam (e também podem ser modelados por eles)

(e) atos de produção, comunicação e organização social materiais, simbólicos e sociais..., e assim por diante.

Os praticantes da pesquisa-ação participativa podem considerar, por exemplo, como seus atos de comunicação, produção e organização social entremeiam-se e relacionam-se mutuamente nas práticas reais e específicas que se conectam a outras nas situações reais onde se encontram (situações tais como aquelas das comunidades, vizinhanças, famílias, escolas e outros locais de trabalho). Eles podem também considerar como, por meio da mudança colaborativa dos modos de participação com outros em suas práticas, mudar as práticas, seu entendimento dessas práticas e as situações nas quais vivem e trabalham.

O esquema teórico mostrado na figura 2.2 retrata como pode ser a teorização de uma prática: localizando-se a prática dentro de estruturas de conhecimento dos participantes em relação às estruturas sociais e em termos da mídia social. Ao adotar uma visão mais abrangente da prática, podemos entendê-la e teorizá-la de modo mais rico, e de formas mais complexas, para que a poderosa dinâmica social possa ser construída e reconstituída por meio de uma prática social como a pesquisa-ação.

METODOLOGIAS E PERSPECTIVAS NO ESTUDO DA PRÁTICA

Apesar da ubiquidade e da familiaridade próprias do termo "prática", ele não é, de modo algum, autoexplicativo. Na teoria e na pesquisa, esse termo acaba por significar coisas muito diferentes para pessoas diferentes. Talvez uma razão para isso seja que os pesquisadores que vêm para a prática oriundos de diferentes tradições intelectuais tendem a focalizar diferentes aspectos da prática quando a investigam.

O resultado é confusão. Com base em suas diferentes visões acerca de como a prática deve ser entendida, diferentes pessoas têm visões diferentes acerca de como ela pode e deve ser melhorada. Para dar início a um esclarecimento sobre algumas dessas confusões, pode ser de ajuda distinguirmos cinco diferentes aspectos de prática enfatizados em diferentes investigações da prática:

1. *Os desempenhos individuais,* os eventos e os efeitos que constituem a prática, ou seja, como ela é vista a partir da perspectiva "objetiva" e externa de alguém que está de fora (o modo como a prática individual de um profissional parece aos olhos de um observador externo).

2. *As condições e interações sociais e materiais* que constituem a prática, isto é, como ela é vista a partir da perspectiva "objetiva" e externa de alguém que está de fora (o modo como os padrões de interação social dentre os envolvidos na prática parece aos olhos de um observador externo).

3. *As intenções, significados e valores* que constituem a prática, ou seja, como ela é vista a partir da perspectiva social "subjetiva" e interna dos próprios profissionais (o modo como as ações intencionais e individuais dos profissionais parece aos olhos dos próprios profissionais).

4. *A linguagem, os discursos e as tradições* que constituem a prática, isto é, como ela é vista a partir da perspectiva social "subjetiva" e interna de membros da comunidade discursiva do próprio profissional que devem representar (descrever, interpretar, avaliar) as práticas, a fim de conversar sobre elas e desenvolvê-las, como acontece, por exemplo, nas comunidades discursivas de profissões (o modo como a linguagem da prática parece aos olhos de comunidades de profissionais quando eles representam suas práticas para si mesmos e para os outros).

5. *A mudança e a evolução da prática* – levando em consideração todos os quatro aspectos da prática que acabaram de ser mencionados – o que se evidencia quando ela é entendida como reestruturada e transformada reflexivamente ao longo do tempo – em sua dimensão histórica.

Embora diferentes escolas de pensamento em teoria e pesquisa da prática em diferentes áreas sejam bem distintas em termos dos problemas e dos fenômenos que estudam, bem como dos métodos que empregam, é possível destacar aqui alguns dos pressupostos acerca de problemas, fenômenos e métodos por meio de distinções acerca das quais essas diferenças podem ser dispostas. Por agora, queremos concentrar-nos em apenas duas dicotomias que têm dividido os modelos das ciências humanas e sociais: primeiro, a divisão entre aqueles modelos que veem o humano e a vida social, em grande parte, em termos "individualistas" e aquelas que veem o humano e a vida social, principalmente, em termos da "área social"; e, em segundo lugar, a divisão entre aqueles modelos que concebem seus problemas, fenômenos e métodos, em termos "objetivos" (a partir de uma perspectiva "externa", por assim dizer) e aqueles que concebem seus problemas, fenômenos e métodos, fundamentalmente, em termos "subjetivos" (a partir de uma perspectiva "interna", por assim dizer). Em cada caso, gostaríamos de sugerir que essas são falsas dicotomias, e que podemos evitar a parcialidade de cada uma vendo os dois lados das dicotomias não como opostos, dos quais apenas um pode ser verdadeiro, mas como relacionados dialeticamente – isto é, enquanto aspectos mutuamente constitutivos, sendo os dois lados necessários para alcançar uma perspectiva mais compreensiva da prática.

O movimento que se origina do pensamento em termos dicotômicos rumo ao pensamento em termos dialéticos pode ser caracterizado como uma mudança do pensamento "ou isso ou aquilo" para o pensamento "ambos e" (ou do "não apenas..." para o "mas também...", ou do "enquanto, por um lado...." para o "também, por outro lado..."). Neste momento, todavia, é suficiente dizer que é possível que cada uma dessas duas dicotomias – individual-social e objetiva-subjetiva – possam ser transcendidas quando vistas em termos dialéticos. Se isto é ou não bem fundado na lógica ou na epistemologia, é uma questão de luta filosófica; nós, entretanto, usaremos essas distinções para classificar uma série modelos para o estudo da prática. A figura 2.3 é uma tentativa de "mapear" as cinco tradições inter-relacionadas no estudo da prática.

Foco / Perspectiva	O indivíduo	O social	Ambos: Visão reflexiva-dialética das relações e conexões indivíduo-sociedade
Objetiva	(1) A prática como um comportamento individual, vista em termos de desempenho, eventos e efeitos: modelos behavoristas e a maioria dos cognitivistas em psicologia	(2) A prática como interação social – por exemplo, ritual, sistema – estruturado: modelos estruturais-funcionalistas e de sistemas sociais	(5) A prática como socialmente e historicamente constituída e reconstituída pela agência humana e ação social: teoria crítica, ciência social crítica
Subjetiva	(3) A prática como ação intencional, moldada por significados e valores: '*verstehen*' psicológico (compreensão compartilhada) e a maioria dos modelos construtivistas	(4) A prática como socialmente estruturada, moldada por discursos, tradições: '*verstehen*' interpretativo, estético e histórico e modelos pós-estruturalistas	
Ambos: Visão reflexiva-dialética das relações e conexões subjetiva-objetiva			

Fig. 2.3 – Relações entre diferentes tradições no estudo da prática

À luz dessas considerações, podemos, então, conceber cinco grandes tradições no estudo da prática. Uma breve descrição de cada tradição vem a seguir:

1. *A prática enquanto comportamento individual a ser estudado objetivamente*. Esta primeira perspectiva sobre a prática a concebe primordialmente "a partir do lado de fora" enquanto comportamento individual. Aqueles que adotam essa perspectiva frequentemente entendem a ciência do comportamento como objetiva e aplicam essa visão ao entendimento da prática. Uma variedade de tradições em psicologia, inclusive a comportamentalista e a cognitivista, adotam essa visão da prática. A pesquisa sobre a prática a partir dessa perspectiva adota métodos correlacionais ou semiexperimentais e tende a utilizar dados estatísticos descritivos e inferenciais, além de adotar uma visão instrumental da relação entre o pesquisador e o pesquisado, na qual o campo a ser estudado é entendido na "terceira pessoa" (enquanto objetos cujo comportamento deve ser mudado). Esse modelo para o estudo da prática tende a ser adotado quando a questão de pesquisa é levantada por pessoas que administram organizações e querem

provocar mudanças por meio de alterações nos prerrequisitos, processos e resultados da organização enquanto sistema (no qual as pessoas são vistas como elementos do sistema).

2. *A prática enquanto comportamento ou ritual de um grupo a ser estudado objetivamente.* Esta segunda perspectiva também vê a prática "a partir do lado de fora", porém a concebe em termos de um grupo social. Os que adotam essa perspectiva também compreendem o estudo do comportamento de um grupo como objetivo. Uma variedade de perspectivas sociopsicológicas bem como perspectivas estruturalistas e funcionalistas em sociologia adotam essa visão de prática. A pesquisa sobre a prática a partir dessa perspectiva tende também a adotar métodos correlacionais ou semiexperimentais e a usar dados estatísticos descritivos e inferenciais, além de adotar uma visão instrumental da relação entre o pesquisador e o pesquisado, na qual o campo a ser estudado é entendido na "terceira pessoa" (enquanto objetos cujo comportamento deve ser mudado). E, assim como a primeira tradição, esta perspectiva tenderia também a ser adotada quando a questão de pesquisa é levantada por pessoas que administram sistemas e querem provocar mudanças por meio de alterações nos prerrequisitos, processos e resultados do sistema.

3. *A prática enquanto ação individual a ser estudada de uma perspectiva subjetiva.* Nesta visão, a agência humana (inclusive a prática) não pode ser entendida como "mero" comportamento – ela deve ser vista como moldada pelos valores, intenções e julgamentos de quem pratica a ação. Uma variedade de abordagens em psicologia adota essa visão da prática (dentre elas algumas abordagens clínicas, algumas "humanísticas" e algumas da "Gestalt", para ficarmos apenas com alguns exemplos). A pesquisa sobre a prática a partir dessa perspectiva geralmente utiliza métodos qualitativos (inclusive métodos autobiográficos, ideográficos e fenomenológicos) e tende a fazer um uso apenas limitado de estatísticas. O campo a ser estudado é entendido como de "segunda pessoa" (isto é, enquanto sujeitos de cognição, responsáveis e autônomos – pessoas que, como o próprio pesquisador, devem tomar suas próprias decisões sobre como agir

nas situações nas quais se encontram). Essa perspectiva tende a ser adotada quando a questão de pesquisa é levantada por pessoas que se consideram autônomas e responsáveis atuando em um mundo vivo de relações e interações humanas, pessoas que acreditam que mudar esses mundos vivos requer envolvimento, e talvez reconstrução de sujeitos (selves) e relações em um contexto compartilhado de mundo.

4. *A prática enquanto ação ou tradição social a ser entendida a partir de uma perspectiva subjetiva.* Uma quarta perspectiva sobre a prática também procura enxergá-la "de dentro", porém concebe a prática não da perspectiva do indivíduo agindo sozinho, mas como parte de uma estrutura social que contribui para formar o modo pelo qual a agência (prática) é entendida pelas pessoas em determinada situação. Também adota uma visão subjetiva, porém leva em consideração que as pessoas e o modo com que agem são também constituídos historicamente – que elas sempre vêm de situações que foram pré-formadas e nas quais apenas certos tipos de agência são, portanto, adequados ou possíveis. Além disso, essa visão também tem a consciência de que deve levar em consideração o fato de as próprias perspectivas das pessoas, e suas próprias palavras, serem todas formadas historicamente nas interações da vida social – ou seja, são histórica, social e discursivamente constituídas. A pesquisa sobre a prática a partir dessa perspectiva é também similar à anterior quanto aos seus métodos de pesquisa (embora também possa adotar etnografia clínica ou crítica enquanto método de pesquisa, ou tipos específicos de métodos, os quais são muito explícitos quanto à função do pesquisador na pesquisa – como nas defesas de alguns modelos feministas de pesquisa), e quanto à sua visão acerca do raciocínio prático e sua visão da posição a ser ocupada pelo pesquisador em relação aos outros na situação a ser estudada. Nesse caso, contudo, o pesquisador consideraria a si mesmo não apenas enquanto outro ator na situação social, mas também enquanto um agente humano que, com outros, deve atuar em algum momento específico em uma situação que já é social, histórica e discursivamente formada, e na qual se é, também, até certo ponto, um representante de uma tradição que contesta os fundamentos de

outras tradições (já que tradições diferentes e concorrendo entre si acerca de coisas diferentes estão simultânea e tipicamente em jogo em uma dada situação). Nesse sentido, a pesquisa dentro dessa tradição tende a ser entendida como "política" em algum sentido – assim como as situações que ela estuda são "políticas".

5. *A prática como prática reflexiva a ser estudada dialeticamente.* A quinta visão sobre a prática a concebe como "política" em um sentido ainda mais autoconsciente – ou seja, entende que estudar a prática é mudá-la, que o processo de estudo é também "político" e que a sua própria posição está sujeita a mudar por meio do processo de ação – bem como é um processo de esclarecimento sobre a posição, a partir do qual se estuda a prática e sobre a própria prática.

Essa visão de prática desafia as dicotomias ou os dualismos que separam as primeiras quatro visões umas das outras: o dualismo do individual versus social e do objetivo versus subjetivo. Esta tradição procura ver cada uma dessas dimensões não em termos de polaridades, mas em termos de mutualidade e relacionamento entre esses diferentes aspectos das coisas. Assim, ela vê o individual e o social, e o objetivo e o subjetivo, enquanto aspectos relacionados à vida e prática humanas a serem entendidas *dialeticamente* – isto é, enquanto mutuamente opostas (e frequentemente contraditórias), porém como aspectos mutuamente necessários da realidade humana, social e histórica, na qual cada aspecto ajuda a constituir outro.

Nesta visão é necessário entender a prática como sendo exercida por *indivíduos* que agem no contexto histórico e em meios constituídos por uma vasta rede histórica de interações sociais entre pessoas. Do mesmo modo, nesta visão, é necessário entender a prática como tendo tanto aspectos *objetivos* (externamente fornecidos) quanto *subjetivos* (internamente entendidos e interpretados), ambos necessários para se entender como qualquer prática é realmente exercida, como ela é constituída histórica e socialmente, e como pode ser transformada se as pessoas criticamente transformarem o que fazem para possibilitar a prática, transformarem a maneira como ela é entendida e transformarem as situações nas quais a praticam. Essa visão sobre a relação entre o objetivo e o subjetivo é às vezes também descrita como "reflexiva", uma vez que mudando as condições objetivas muda-se o modo pelo qual uma situação é interpretada ou entendida, o que, por sua vez, muda a maneira pela qual as pessoas agem no mundo "externo" e "objetivo", o que significa que o que elas fazem é entendido e interpretado de forma diferente e que os outros também agem de maneira diferente, e assim por diante, em um processo dinâmico de reflexão e autorreflexão, que dá à agência humana na história seu caráter dinâmico, fluido e reflexivo. Assim, esta visão da prática concebe-se como sendo explicitamente engajada em construir a agência e construir a história e em aprender a partir da agência e da história como algo dentro do processo de pesquisa, não como algo externo a ele (enquanto resultado ou efeito decorrente da pesquisa).

A perspectiva dialética-reflexiva sobre a prática procura assim encontrar um lugar para as quatro perspectivas anteriores em um arcabouço mais abrangente de construção e reconstrução histórica, social e discursiva, e que dá o melhor de si para reconhecer que as pessoas e suas ações não são apenas causadas por suas intenções e circunstâncias, mas também que as pessoas causam as intenções e as circunstâncias – isto é, que as pessoas são constituídas pela ação no mundo e que também constroem a agência e a história. Esta perspectiva também almeja ver como esses processos ocorrem *dentro do próprio âmbito da pesquisa.*

A pesquisa sobre a prática a partir desta perspectiva tende a adotar métodos de pesquisa reflexivos – métodos como aqueles das ciências sociais críticas (CARR e KEMMI, 1986; FAY, 1987), ou da pesquisa-ação colaborativa (HAUG, 1987). Eles são reflexivos no sentido de que seus participantes se envolvem em um processo colaborativo de transformação social em que aprendem a partir do processo de transformação e mudam a maneira como se envolvem nesse processo. A pesquisa conduzida a partir dessa perspectiva adota uma visão "emancipatória" acerca do objetivo e do propósito da pesquisa, na qual coparticipantes tentam refazer e melhorar sua própria prática para superar distorções, incoerências, contradições e injustiças. Adota a perspectiva de "primeira pessoa", em que as pessoas constroem o processo de pesquisa como forma de colaborar com o processo de transformação de suas práticas, de seu entendimento sobre suas próprias práticas e das situações em que exercem essas práticas. Assim como a quarta perspectiva sobre a prática, esta tradição também entende que a pesquisa é "política", porém almeja transformar o processo de pesquisa em uma política que irá substituir e reconstruir de forma definitiva as políticas preexistentes dos contextos nos quais é conduzida – de fato, ela almeja ser um processo no qual vários aspectos da vida social no cenário (cultural, econômico e político) possam ser transformados por meio da ação colaborativa. Ao reconhecer que os processos sociais internos desse cenário e da pesquisa estão conectados a, e às vezes em conflito com, processos sociais e históricos mais abrangentes que os copesquisadores não podem interromper ou simplesmente mudar ao mudar a si mesmos, os praticantes de pesquisa-ação precisam trabalhar em relação a essas forças mais abrangentes mais que simplesmente "a favor" ou "contra" elas.

Embora as outras quatro tradições sejam necessárias, cada uma a seu modo e para propósitos específicos, esta quinta perspectiva é de especial interesse para aqueles que querem mudar as práticas por meio de seus próprios esforços, e especialmente da pesquisa participativa e colaborativa. Trata-se de uma tradição acerca do estudo da prática que almeja tornar explícitas as conexões por intermédio das dimensões do "objetivo" e do "subjetivo", o foco sobre o individual e o social, os aspectos da estrutura e da agência, e as conexões entre passado e futuro. O significado da palavra "conexões" merece aqui especial atenção. Precisamos, então, reconhecer que o estudo de uma prática tão complexa quanto à prática da educação, da enfermagem ou da administração pública (para ficarmos apenas com alguns exemplos), é um estudo de conexões – de muitos e diferentes tipos de relacionamentos comunicativos, produtivos e organizacionais entre pessoas em meios de linguagem (discurso), de trabalho e de poder constituídos social, histórica e discursivamente – sendo que todos esses devem ser entendidos de maneira dinâmica e ostentando relações mútuas. E devemos reconhecer ainda que há modelos de pesquisa que procuram explorar essas conexões e essas relações participando delas e, por meio de mudanças na forma pela qual as pessoas participam delas, almejam mudar a prática, o modo pelo qual ela é entendida e as situações nas quais a prática é conduzida. Portanto, tal tradição de pesquisa procura ajudar as pessoas a entenderem a si mesmas tanto como forças "objetivas" violando os outros quanto sujeitos que têm intenções e compromissos que são compartilhados com outras pessoas, e tanto como pessoas que agem de forma estruturada por discursos produzidos além de qualquer um de nós individualmente quanto como pessoas que produzem sentido para nós mesmos em comunicação com outros com os quais convivemos.

Em termos dos cinco aspectos da prática e das cinco tradições sobre o estudo da prática sumarizados anteriormente, fica claro que a visão metodologicamente orientada da pesquisa-ação encontra-se imbricada nos pressupostos com os quais uma ou outra tradição de pesquisa sobre a prática está comprometida. Uma vez aceito um ou outro desses conjuntos de pressupostos, a pesquisa-ação pode achar-se incapaz de abordar a prática (ou o estudo da prática) de uma maneira suficientemente rica e multifacetada – isto é, de modo a reconhecer diferentes aspectos da prática e que façam justiça à sua construção social, histórica e discursiva.

Se a pesquisa-ação deve explorar a prática nos termos de cada um dos cinco aspectos aqui delineados, ela precisará considerar como diferentes tradições no estudo da prática, e diferentes métodos e técnicas de pesquisa, podem fornecer *múltiplos* recursos para essa tarefa. Ela deve evitar, também, aceitar os pressupostos e as limitações de métodos e técnicas específicas. Por exemplo, o praticante de pesquisa-ação pode legitimamente evitar o rígido empirismo daqueles modelos que tentam construir a prática de modo *inteiramente* "objetivo", como se fosse possível excluir as intenções, os significados, valores e as categorias interpretativas dos participantes ao compreenderem a prática, ou como se fosse possível deixar de levar em consideração as estrutruras de linguagem, do discurso e da tradição pelos quais pessoas de diferentes grupos constroem suas práticas. Isso não quer dizer que essas abordagens quantitativas jamais sejam relevantes na pesquisa-ação; ao contrário, elas podem até ser importantes – porém, sem as restrições que muitos daqueles que praticam a pesquisa-ação quantitativa colocam nesses métodos e técnicas. De fato, quando os praticantes de pesquisa-ação utilizam questionários para converter as opiniões dos participantes em dados numéricos, eles tacitamente admitem que a prática não pode ser entendida sem levar em consideração os pontos de vista dos participantes. Os praticantes da pesquisa-ação diferem dos pesquisadores exclusivamente quantitativos quanto ao modo com que coletam e usam as informações, pois o praticante de pesquisa-ação considera esses dados como aproximações grosseiras do modo com que os participantes entendem a si mesmos, e não (conforme os pesquisadores estritamente quantitativos defenderiam) como mais rigorosos (válidos, confiáveis) por serem mais precisos.

Por outro lado, o praticante de pesquisa-ação diferencia-se da abordagem exclusivamente qualitativa, que defende que a ação somente pode ser entendida a partir de uma perspectiva qualitativa – por exemplo, por meio de análises clínicas ou fenomenológicas das opiniões de um indivíduo, ou da análise minuciosa dos discursos e das tradições que modelam a maneira como uma prática específica é entendida pelos participantes. O praticante de pesquisa-ação irá também querer explorar como uma mudança nas circunstâncias "objetivas" (desempenho, acontecimentos, efeitos; padrões de interação, regras, funções e funcionamento do sistema) modela e é modelada pelas perspectivas "subjetivas" dos participantes.

Em nosso ponto de vista, as questões sobre métodos de pesquisa não deveriam ser consideradas sem importância; porém, ao contrastá-las com a visão metodologicamente orientada, gostaríamos de afirmar que o que faz da pesquisa-ação "pesquisa" não é o conjunto de técnicas de pesquisa, mas uma contínua preocupação com as relações entre *teoria e prática* sociais e educacionais. Antes de se decidirem as questões acerca de quais tipos de métodos de pesquisa são adequados, é necessário decidir do que se trata "teoria" e "prática" – pois só então podemos decidir que tipo de dados ou de provas podem ser relevantes na descrição da prática, e que tipos de análises são relevantes em situações reais nas quais elas funcionam. Sobre essa visão de pesquisa-ação, uma pergunta central é como as práticas devem ser entendidas "no campo", por assim dizer, para que se tornem disponíveis para uma teorização mais sistemática. Ao chegar a uma visão geral do que significa entender (teorizar) a prática no campo, torna-se possível trabalhar sobre que tipos de evidências, e daí sobre que tipos de métodos e técnicas de pesquisa, podem ser adequados para o avanço de nosso entendimento da prática em um dado momento.

Reflexão sobre projetos e sobre a pesquisa-ação participativa

Na discussão acima, apresentamos uma visão – pessoal, pode-se argumentar – do que é pesquisa-ação participativa e de sua função no estudo da prática. É desnecessário dizer que essa visão acerca do que constitui a pesquisa-ação participativa não é estática. Ela está continuamente aberta à reflexão, à crítica e a um desenvolvimento mais detalhado com base em novas elaborações teóricas e na experiência empírica dos praticantes de pesquisa-ação.

Concluiremos este texto propondo um conjunto de questões a ser utilizado pelos praticantes de pesquisa-ação quando da reflexão sobre os processos e resultados de seus projetos. Essas questões são baseadas em temas levantados neste texto. É importante destacar que tais questões não pretendem ser um critério rígido para julgar se um projeto é ou não é pesquisa-ação participativa nem para avaliar projetos em relação ao quanto eles seguem as descrições aqui desenvolvidas. Em vez disso, elas são uma ferramenta para uma reflexão crítica mais abrangente dos projetos de pesquisa-ação.

Naturalmente, a reflexão sobre projetos de pesquisa-ação é multifacetada. Uma equipe colaborativa de investigadores praticantes de pesquisa-ação participativa frequentemente desenvolve um aprendizado significativo sobre os processos e princípios desse tipo de pesquisa. Um conjunto paralelo de perguntas poderia ser desenvolvido para permitir aos participantes uma reflexão sobre os próprios princípios e as próprias características da pesquisa-ação participativa. A construção dessas perguntas fica para o leitor.

1- Como o anteprojeto segue a espiral Lewiniana de ciclos de autorreflexão (ao menos em termos gerais)?

2- Como o projeto almeja melhorias

(a) nas práticas?

(b) no entendimento das práticas por parte dos profissionais?

(c) nas situações nas quais as práticas são realizadas?

3- Como o projeto almeja o envolvimento

(a) daqueles cuja ação constitui a prática?

(b) daqueles afetados pela prática?

4- Como o projeto pode ser descrito enquanto processo social? Como ele deliberadamente explora a relação entre os níveis individual e social?

5- Como o projeto pode ser descrito enquanto participativo? Como ele envolve as pessoas no exame de seu conhecimento (entendimentos, habilidades e valores) e de suas categorias de interpretação (os modos pelos quais elas interpretam a si mesmas e as suas ações no mundo social e material)?

6- Como o projeto pode ser descrito enquanto prático e colaborativo? Como ele envolve as pessoas no exame dos atos que as ligam aos outros na interação social?

7- Como o projeto pode ser descrito enquanto emancipatório? Como ele almeja ajudar as pessoas a recuperarem-se e libertarem-se das limitações de estruturas sociais irracionais, improdutivas, injustas e insatisfatórias as quais limitam seu autodesenvolvimento e sua autodeterminação?

8- Como o projeto pode ser descrito enquanto crítico? Como ele procura auxiliar as pessoas a recuperarem-se e a libertarem-se das limitações arraigadas ao meio social por meio do qual eles interagem: sua língua (discurso), seus modos de trabalho e de relações sociais de poder (nos quais experimentam afinidade e a diferença, inclusão e exclusão, etc...)?

9- Como o projeto pode ser descrito enquanto um recurso (reflexivo, dialético)? Como ele objetiva ajudar as pessoas a investigarem a realidade a fim de mudá-la e a mudarem a realidade a fim de investigá-la – em particular por meio da mudança de práticas em um processo social cuidadosamente concebido para ajudá-las a aprender mais (e teorizar) sobre suas práticas, de seu próprio conhecimento dessas práticas, as estruturas sociais que restringem suas práticas e o meio social no qual suas práticas são expressas e concretizadas?

10- Quais aspectos do projeto consideram a prática a partir de uma
   (a) perspectiva subjetiva ou
   (b) perspectiva objetiva ou
   (c) perspectiva reflexivo-dialética envolvendo as outras duas?

11- Que aspectos do projeto consideram a prática a partir de uma
   (a) perspectiva individual ou
   (b) perspectiva social ou
   (c) perspectiva reflexivo-dialética envolvendo as outras duas?

Referências

CARR, W.; KEMMIS, S. *Becoming Critical: Education, Knowledge and Action Research*. Londres: Falmer, 1986.

FALS BORDA, O. Investigating reality in order to transform it: the Colombian experience, *Dialectical Anthropology*, v. 4, Março de 1979, p. 33-55.

FAY, B. *Critical Social Science: Liberation and its Limits*. Cambridge: Polity Press, 1987.

HABERMAS, J. *Postmetaphysical Thinking: Philosophical Essays*. Cambridge: MIT Press, 1992.

HAUG, F. *Female Sexualization: A Collective Work of Memory*. Londres: Verso, 1987.

KEMMIS, S.; MCTAGGART, R. (orgs.). *The Action Researcher Planner*. 3. ed., Geelong: Deakin University Press, 1988.

WILKINSON, M. B. *Action Research for People and Organisational Change*. Brisbane: Queensland University of Technology, 1996.

CAPÍTULO 3
A pesquisa-ação e a formação docente voltada para a justiça social: um estudo de caso dos Estados Unidos

Kenneth M. Zeichner

DEFENDENDO A FORMAÇÃO SOCIORRECONSTRUCIONISTA DE PROFESSORES

Já há muitos anos, venho respondendo regularmente à crítica de que é inadequado para professores dos cursos de formação docente incentivar seus alunos a pensarem sobre as dimensões sociais e políticas de seus trabalhos e sobre os vários contextos nos quais sua docência está fundamentada, a pensarem sobre como sua prática docente diária está conectada a assuntos de continuidade e mudança social e a assuntos de equidade e justiça social. Minha resposta para essas críticas tem sido sempre que na sociedade desigual e injusta em que vivemos, a qual é estratificada em termos de raça, língua, etnia, sexo etc., os formadores de professores estão moralmente obrigados não apenas a prestar atenção em assuntos sociais e políticos na formação docente, mas a tornar esses assuntos preocupações centrais no currículo dos cursos de formação de professores desde o início (LISTON e ZEICHNER, 1991). O objetivo da preparação de professores para que advoguem por justiça social e uma educação de alta qualidade para os filhos de todos (por exemplo, OAKES e LIPTON, 1999) deveria ser uma das principais prioridades da formação docente nos Estados Unidos, dadas as grandes lacunas quanto ao desempenho que continuam a existir nas escolas públicas norte-americanas (LEE, 2002) e a falta de condições sociais anteriores que são necessárias para que a equidade educacional se torne uma realidade (Fundo de Defesa da Criança, 2001).[1]

Hoje, contudo, na atmosfera politicamente conservadora dos Estados Unidos, onde a administração do presidente G. W. Bush tem auxiliado a transferência de dinheiro público na forma de carnês para escolas particulares e a eliminação da nomeação de professores pelos estados e da exigência de que os professores terminem cursos de formação profissional em faculdades e universidades (PAIGE, 2002), a defesa da educação multicultural e a preparação de professores para advogarem por justiça social têm sido comparadas a uma ausência de preocupação com padrões acadêmicos (por exemplo, KANSTROOM e FINN, 1999; IZUMI e COBURN, 2001) e mesmo com uma falta de patriotismo.

Se aceitarmos por um instante a ideia de que se oferece a todos os alunos das escolas públicas norte-americanas a mesma qualidade educacional, e se examinarmos a situação vigente tanto do ensino nas escolas quanto da formação de professores neste país, devemos concluir que um esforço maior precisa ser feito para colocar a equidade em posição de destaque na agenda da formação de professores. Com isso não se quer culpar os docentes nem os professores dos cursos de formação docente

---

[1] Apesar da natureza óbvia dessa asserção, um Tribunal no estado de Nova Iorque recentemente julgou um caso relativo ao fornecimento igualitário de recursos financeiros para escolas da cidade de Nova Iorque em que o estado é obrigado, pela constituição, a fornecer nada mais que uma educação mínima para preparar os alunos para empregos de menor remuneração (WORTH e HARTOCOLLIS, 2002). Essa declaração de que o governo não é responsável pela remoção das lacunas na qualidade da educação fornecida a diferentes alunos tem frustrado tentativas de fornecer recursos financeiros mais igualitários para os alunos das escolas urbanas pobres. Também, recentemente, Russerl Whitehurst, Secretário Assistente de Educação e Diretor do Escritório de Pesquisa e Desenvolvimento do Departamento de Educação dos Estados Unidos, argumentou, em uma reunião na qual eu estava presente, que o governo não é responsável pela preparação de professores de alta qualidade para os filhos de todos. Ele defendeu uma ênfase na preparação de "professores simplesmente bons o suficiente", ou seja, de docentes que seriam "bons o suficiente" para seguir as prescrições ditadas por materiais (*kits*). O fato de que esses professores estariam, em sua maioria, trabalhando com os filhos de famílias pobres e não com os filhos de famílias privilegiadas economicamente, como os próprios filhos dele, não era uma de suas preocupações.

pela desigualdade vigente na situação atual e por fatos em que tantos alunos passam por nosso sistema de educação pública e permanecem sem educação formal. Claramente, as raízes desses problemas vão além das escolas estando relacionadas a forças sociais, econômicas e políticas mais abrangentes que existem nos Estados Unidos e também de modo global (por exemplo, APPLE, 2001; BURBULES e TORRES, 2000).

Apesar das origens da desigualdade educacional fora da educação, nós, da formação de professores, temos escolhas a fazer que nos colocam ou na posição de lutar por mudanças nessa situação ou na posição de contribuir para a manutenção do que aí está. Não podemos ficar neutros. Cada proposta de formação de professores toma uma das posições, ao menos de maneira implícita, nas formas institucionais vigentes e no contexto da educação nas escolas (CRITTENDEN, 1973).

Além de responder a constantes ataques contra uma agenda progressista e crítica para a formação docente, também tenho constantemente desafiado a lógica que separa assuntos técnicos de morais e defende que a formação inicial de professores deve concentrar-se somente em assuntos técnicos. O argumento é que, uma vez que os professores dominem os aspectos técnicos da docência e tenham alguma experiência de sala de aula, eles estarão prontos para pensar sobre complexos assuntos morais e éticos relacionados a seu trabalho. Venho defendendo a ideia de que todos os assuntos relativos à docência têm tanto dimensões técnicas quanto morais, as quais devem ser consideradas simultaneamente. Porque as habilidades técnicas são utilizadas para alcançar objetivos específicos, não ensinar somente habilidades aos futuros professores. Precisamos ensinar aos futuros professores habilidades de ensino e ajudá-los a alcançarem propósitos que são justificáveis em termos educacionais e morais em uma sociedade que se propõe democrática. Os professores em formação precisam examinar os propósitos e as consequências de sua prática de ensino desde o início de seus cursos de preparação. A menos que tantos os aspectos técnicos quantos os morais da docência sejam parte da formação do professor desde o início, é provável que os aspectos morais, éticos e políticos de seus trabalhos continuem a ser marginalizados (ZEICHNER e TEITELBAUM, 1982).

Nos anos 90, a crítica de que projetos baseados no reconstrucionismo social na formação inicial de professores são inadequados em termos de graus de desenvolvimento surgiu mais uma vez. Por exemplo, Calderhead e Gates (1993) tomaram a posição de que não é razoável esperar que os futuros professores incluam uma dimensão "crítica" em suas reflexões e atitudes devido ao tempo limitado do período de formação inicial e às demandas impostas pela reflexão crítica.

> Os objetivos dos programas de formação inicial de professores reflexivos são bastante ambiciosos e estabelecem metas que são provavelmente impossíveis de serem alcançadas em tempo hábil pela maioria dos professores em formação. Tornar-se um professor ciente de seus valores e crenças, capaz de analisar sua própria prática e considerar sua base ética e seus contextos social e político, envolve considerável habilidade e experiência e pode bem estar além das capacidades da maior parte dos professores em formação inicial. (CALDERHEAD e GATES, 1993, p. 4-5)

Embora aceite a noção geral de que não devemos esperar que professores iniciantes sejam capazes de fazer as mesmas coisas que professores experientes, penso que é um erro tentar separar questões de valores, ética e política do ensino de questões de competência técnica e adiar o desenvolvimento da competência ética e moral até que alguma forma de competência técnica seja atingida. Se analisar as dimensões sociais e políticas de sua prática nos atuais programas de preparação profissional está além da capacidade da maior parte dos professores em formação, então talvez precisemos alterar os critérios que são utilizados para admitir professores em programas de formação docente e alterar os programas e as instituições nas quais eles estão localizados para que tenhamos um sucesso maior na preparação de professores que tenham compromisso e sejam capazes de educar todos os alunos de modo que tenham padrões acadêmicos elevados. Qualquer coisa inferior a isso é moralmente inaceitável em uma sociedade que se propõe democrática.

Ao mesmo tempo em que devemos lutar apaixonadamente por um sistema de formação docente que verdadeiramente prepare todos os professores para trabalharem por uma educação de alta qualidade, devemos ser realistas quanto àquilo que pode ser alcançado dentro das estruturas atuais da formação de professores nos Estados Unidos. Nenhuma estratégia de formação docente, inclusive pesquisa-ação, ensino com base em estudos de caso, portifólios de ensino etc., serão suficientes o bastante para romper com a socialização que os futuros professores recebem antes de entrarem em um programa de formação docente sem que se tenha atenção quanto às maneiras pelas quais admitimos os alunos em nossos programas de formação e às instituições nas quais os programas estão localizados. Embora não devemos romantizar e nos iludir acerca do quanto podemos conseguir por meio de mudanças nos currículos de formação docente dentro das estruturas existentes, também não devemos demonstrar covardia moral nem fugir da tarefa de preparar professores para advogar por justiça social para todas as crianças.

A PESQUISA-AÇÃO ENQUANTO ESTRATÉGIA PARA FORMAÇÃO SOCIORRECONSTRUCIONISTA DE PROFESSORES

Durante os últimos 15 anos, tenho estado envolvido na promoção do uso da pesquisa-ação enquanto uma dentre várias estratégias para preparar professores capazes de dar mais respostas em termos culturais, professores que trabalhem ativamente para educar todos os alunos rumo aos mesmos padrões acadêmicos elevados. O conjunto de meu trabalho tem sido uma experiência de dezoito anos de docência em um programa de formação de professores primários que se concentra nos mesmos objetivos sociorreconstrucionistas (ZEICHNER e LISTON, 1987; ZEICHNER, 1993; ZEICHNER e MILLER, 1997; LADSON-BILLINGS, 2001).

No início do semestre letivo, os alunos em estágio identificam um aspecto de sua prática, com o qual querem trabalhar e passam por ciclos de ação e reflexão durante o semestre, culminando na apresentação de sua pesquisa ao final do semestre em um seminário, e às vezes em uma conferência regional de pesquisa-ação[2]. Um seminário semanal para os estudantes em estágio fornece um fórum para que esses futuros professores discutam sua pesquisa e recebam tanto auxílio quanto desafio de seus colegas. Embora esses alunos identifiquem um tema de pesquisa no início do semestre letivo (por exemplo, aprender a fazer perguntas para provar um nível mais profundo de pensamento por parte do aluno), as questões quase sempre mudam até o final do semestre. Essa alteração no objeto de análise das investigações dos professores ocorre enquanto os dados são coletados e é parte natural do processo

---

[2] A pesquisa-ação tem sido utilizada por um bom número de diferentes formadores de professores no programa e todos eles fazem coisas bastante diferentes. O que se descreve aqui é aquilo que acontece quando trabalho auxiliando a pesquisa de futuros professores.

de pesquisa-ação. Embora a discussão do tema e o objeto de análise da pesquisa-ação durante o semestre letivo sejam fundamentais para o desenvolvimento profissional desses futuros professores, o seminário e os diários de pesquisa que eles frequentemente tomam como parte de sua coleta de dados também fornecem oportunidades para o diálogo acerca de outros assuntos. Embora os estudantes em estágio normalmente apresentem os resultados de suas pesquisas ao final do semestre e escrevam um relatório de pesquisa, nossa ênfase está em auxiliar esses alunos a adquirirem os hábitos e as habilidades para conduzir a pesquisa realizada em sala de aula e não em um produto de pesquisa acabado. Isso é devido à curta duração da experiência de estágio, quando esperar-se a condução de uma pesquisa minuciosa não seria razoável (ZEICHNER, 1999).

Ao longo dos anos, venho, junto a colegas, examinando e criticando a forma como temos usado a pesquisa-ação em nosso programa de formação de professores, e tenho continuamente modificado nossa abordagem com base nessas investigações (por exemplo, GORE, 1991; GORE e ZEICHNER, 1991, 1993; NOFFKE e BRENNAN, 1991; NOFFKE e ZEICHNER, 1987; SCHLIDGREN, 1995; TABACHNICK e ZEICHNER, 1999, ZEICHNER, 2000; ZEICHNER e GORE, 1995). Nesses trabalhos, somos francos ao assumir que o processo de pesquisa-ação dos futuros professores não tem frequentemente resultado no tipo de pensamento e de ação relacionado às dimensões sociais e políticas da docência e do sistema escolar que desejamos (GORE e ZEICHNER, 1991; ZEICHNER e GORE, 1995). Também temos percebido exemplos em que a pesquisa-ação levou a uma expansão do pensamento desse futuro professor que passou a incluir dimensões sociais e políticas de sua prática de ensino e uma análise das condições sociais dessa prática (GORE e ZEICHNER, 1991). Alguns utilizaram-se de nossa franqueza em relação ao nosso trabalho para descartar inteiramente a ideia de projetos sociorreconstrucionistas de formação docente ou os esforços que se iniciam com os estudantes em estágio refletindo acerca de sua própria prática. Alguns críticos propuseram outra abordagem para o desenvolvimento de uma "consciência crítica" por parte dos futuros professores, a qual se inicia com reflexões acerca da prática de outros.

Por exemplo, McIntire (1993), enfatizando o papel limitado da reflexão na prática de alguém que se encontra na formação inicial de professores, tomou a posição de que precisamos começar ajudando os futuros docentes a analisarem as experiências de outras pessoas antes de passarmos para uma análise de suas próprias experiências. McIntire (1993, p. 46-47) concluiu que:

> Não parece que professores ou futuros professores sejam levados, por meio da reflexão de sua própria prática nem especialmente por intermédio da pesquisa-ação sobre ela, a tomar uma postura crítica acerca do contexto estrutural e ideológico no qual estão trabalhando. Nem, penso, que isso deva nos surpreender: refletir sobre sua prática, e especialmente engajar-se em pesquisa-ação, leva a pessoa a enfatizar sua própria atuação, e se as coisas dão errado, a lógica do estudo leva-a a explorar alternativas para sua própria ação, não para explicações para direções bem diferentes... É por meio da teorização acerca das práticas de outros que os futuros professores são auxiliados a ganhar uma perspectiva crítica acerca de contextos dentro dos quais eles estão trabalhando, e é com base em tal entendimento que eles são incentivados a introduzir esse nível de reflexividade em suas reflexões acerca de sua própria prática.

O uso de pesquisa-ação enquanto estratégia de ensino na formação inicial de professores baseia-se em uma relação diferente entre as teorias pessoais de professores e as teorias acadêmicas públicas. Com a pesquisa-ação, a tarefa é vista como sendo ajudar futuros professores a desenvolverem suas teorias práticas de docência para guiar sua prática (HANDAL e LAUVAS, 1987). Ao reconhecermos a importância das teorias tanto públicas quanto práticas nos programas de formação de professores, cada perspectiva oferece-nos um diferente ponto de partida. Enquanto McIntire (1993) teria inicialmente enfatizado as teorias públicas na formação de professores para serem aplicadas posteriormente à experiência prática dos professores, a partir de uma perspectiva de pesquisa-ação, inicialmente se deveria enfatizar a ajuda aos professores em formação para que reflitam sobre suas experiências e posteriormente introduzirem-se teorias públicas, uma vez que as investigações dos futuros professores já estariam sendo desenvolvidas. Embora o programa de formação docente para o ensino fundamental de Wisconsin siga uma série de cursos e práticas em que há grande ênfase na teoria acadêmica pública, dentro do próprio programa de formação de professores, a ênfase se dá sobre um maior desenvolvimento de teorias práticas pessoais e na introdução estratégica de teorias públicas para fornecer informações e alargar as reflexões dos futuros docentes.

A seguir, tem-se um exemplo dessa postura teórica de pesquisa-ação nesse programa de formação docente que foi tirado de um dos seminários de pesquisa-ação para estudantes em estágio que Bob Tabachnick e eu conduzimos como parte de uma iniciativa de reforma no ensino de ciências (TABACHNIK e ZEICHNER, 1999).

Naquele projeto, apresentou-se aos estudantes, um semestre antes do estágio, a ideia de pesquisa-ação e os pressupostos sobre teoria, prática, conhecimento, aprendizado etc. subjacentes a ela. Durante esse período, eles também interagiram com professores e futuros professores os quais já haviam se envolvido em pesquisa-ação e começado a preparar o projeto de pesquisa-ação que desenvolveriam no semestre seguinte durante a prática de ensino. A pesquisa-ação nesse projeto seguiu uma espiral comum de pesquisa-ação de planejar-agir--observar-e-refletir (ZEICHNER e NOFFKE, 2001), embora os professores em formação começassem sua pesquisa em diferentes estágios da espiral. Durante as 18 semanas de estágio, encontrávamo-nos todos de duas em duas semanas durante duas horas em um seminário em que o foco era as pesquisas-ações desses futuros docentes. Cada professor em formação identificava e frequentemente remodelava os próprios questionamentos de sua pesquisa, mantinha diários de pesquisa os quais compartilhava regularmente com um dos dois "facilitadores",[3] que respondiam por escrito aos seus registros, e apresentava oralmente seus achados de pesquisa para todo o grupo no final do semestre. Durante os seminários, os dados trazidos pelos estudantes e os temas levantados por suas pesquisas foram bastante discutidos. O grupo consistia de futuros professores de ciências do ensino fundamental e médio. Para mais informações sobre a natureza desses seminários, leia o artigo de Tabachnick e Zeichner (1999).

LIDANDO COM PERÍODOS DE ATIVIDADES INDEPENDENTES NO DIA A DIA DA ESCOLA

Rachel era uma das nove estudantes de estágio daquele seminário de pesquisa-ação conduzido por Bob Tabachnick e por mim. O projeto

---

[3] "Facilitadores" são pessoas – normalmente alunos de pós-graduação na Faculdade de Educação – contratadas para ajudarem os estudantes em estágio e os professores a conduzirem seus projetos de pesquisa-ação. (Nota do tradutor).

de pesquisa-ação dela ilustra como as preocupações do professor em formação, as quais inicialmente parecem não estar ligadas a assuntos de igualdade e justiça social (lidando com alunos "problemáticos"), podem ser desenvolvidas com a assistência de formadores de professores a fim de se explorar as dimensões sociais e políticas da docência. Esse caso também ilustra como as teorias acadêmicas públicas produzidas fora de uma situação específica do futuro professor podem ser integradas no processo de investigação já iniciado por um estagiário e levar a novos *insights* relacionados à promoção de uma maior igualdade educacional para alunos de baixa renda e de minorias raciais.

Durante a reunião do dia 3 de março, Rachel e outra estudante em estágio que trabalhava na mesma escola de ensino fundamental discutiram meios de engajar vários alunos "problemáticos" em atividades mais produtivas em suas aulas. Esse tipo de problema de sala de aula colocado por professores em formação é frequentemente definido na literatura como relacionado ao controle de sala de aula ou da disciplina, um problema considerado como de sobrevivência para os professores iniciantes e normalmente localizado nos alunos e sem ligação com aspectos sociais e políticos do ensino. Após uma longa discussão a respeito dessa situação, ficou claro que todos os alunos que foram vistos atrapalhando as aulas eram crianças de minorias raciais vindas de bairros vizinhos à escola. Cerca de 30% dos alunos em cada classe eram crianças dos arredores da escola. Essa escola está envolvida em um plano de integração municipal que mistura alunos das regiões próximas à cidade, onde predominam famílias de baixa renda e famílias de minorias raciais, com crianças de regiões mais distantes que são em sua maioria brancas e de classe média.

Tabachnick e eu aproveitamos essa oportunidade, em que somente alunos de baixa renda e de minorias raciais haviam sido identificados como problemáticos para iniciar uma discussão a respeito de raça e classe social no ensino, e chamamos a atenção desses estudantes para o trabalho de pessoas como Ladson-Billings (1990) e Villegas (1991), que haviam explorado a ideia de ensino como resposta cultural. Também chamamos a atenção dos professores em formação para o exame das culturas dentro de suas próprias classes e escolas e como essas relacionavam-se com as culturas e os recursos culturais dos lares e das comunidades dos alunos. Antes de fazermos essa intervenção, haviam surgido evidências, nos comentários desses futuros docentes, de que precisávamos tentar levar a discussão de como lidar com alunos "problemáticos" para um nível mais profundo que considerasse os aspectos culturais envolvidos.

> O que noto é um monte de estilos de comunicação distintos. Quero dizer, você pode ficar parado de pé no corredor da minha escola ou do lado de fora, no pátio, e perceber como crianças diferentes interagem e muito confronto acontece entre garotos dos arredores. Pode até ser algo que eles trazem, quero dizer, de modo geral, até mesmo com coisas como "oi, como está você" no início do dia. É mais ou menos, quero dizer, que isso simplesmente soa áspero em meus ouvidos, porque não é minha cultura. Não é o jeito pelo qual eu cumprimentaria alguém. E acho que muito da interação que acontece na sala de aula é de uma cultura estranha para mim (comentário de uma estudante em estágio durante o seminário).

Como resultado dessa discussão, alguns desses estudantes sugeriram leituras relacionadas aos aspectos culturais de ensino e aprendizagem e sobre alguns dos exemplos em que escolas adaptaram-se com sucesso para acomodar e utilizar aspectos das várias culturas de seus alunos. Durante os seminários, os professores em formação começaram a questionar como os alunos vieram a ser classificados como "problemáticos". Nossa função havia sido a de chamar a atenção desses futuros professores para o papel da raça e da classe social em uma situação de ensino, fato que até então eles haviam ignorado. Não tentamos negar o problema deles como fazem com frequência formadores de professores "progressistas" quando o problema parece ser técnico, mas tentamos ajudá-los a reformularem o problema de maneira a considerar mais aspectos da situação do que antes.

> Você tem na sala de aula uma metade das crianças que são negras e outra metade branca, e existem diferentes culturas convivendo em um mesmo espaço. Então uma criança diz uma coisa e acontece aquela estória de eles não entenderem a cultura do outro, porque uma coisa não acontece nas famílias de uns, e outra coisa não acontece nas famílias de outros. Então eu acho que talvez tenhamos a tendência de, claro, tomar nosso próprio partido e dizer que o outro é problemático (comentário de uma estudante em estágio durante o seminário).

Tenho frequentemente defendido que o chamado domínio "crítico" de reflexão está bem em frente aos professores em formação em suas salas de aula e que o lugar para ajudá-los a entrar em um processo de reflexão acerca das dimensões sociais e políticas de sua prática de ensino inicia-se com as próprias definições de suas experiências (por exemplo, lidar com alunos "problemáticos") e então facilitar um exame de todos os diferentes aspectos dessas experiências, inclusive como elas estão ligadas a assuntos de igualdade e justiça social. Essa é uma experiência do tipo *inside-outside* fortemente baseada na experiência (ZEICHNER, 1999).

O comportamento dito "problemático" de um grupo de alunos negros em sua turma de quarta série foi somente um aspecto da pesquisa-ação de Rachel. Um tema mais abrangente dizia respeito à sua preocupação de que aqueles seis alunos não estavam participando muito durante os dois períodos diários de atividades independentes, quando os alunos tinham muitas opções sobre o que gostariam de fazer.

> Fico frustrada com o que vejo como um sistema, em nossa sala de aula, que não auxilia aqueles que não são aptos ou não estão dispostos a motivar-se e dirigir-se nessa atmosfera de abertura. Aprecio a liberdade e o respeito por crianças evidentes em nossa sala de aula e estou impressionada com a criatividade e o interesse de muitos dos alunos, embora sinta que vários alunos estão perdendo o rumo. Parece que eles ficam andando sem rumo durante o tempo de atividades livres, conversando com outros alunos ou vagando nos banheiros ou na biblioteca. Ao final desse período livre, eles raramente têm algo para mostrar e não conseguem descrever ou explicar o que eles fizeram em seus cadernos de anotação. Eu também tenho notado que em algumas situações em que se pede que esses alunos sentem-se em suas carteiras e trabalhem em uma atividade específica de escrita, ou matemática ou outra tarefa, eles conseguem concentrar-se na atividade e fazer um trabalho bem bom (registro do diário de Rachel, dia 30 de janeiro).

Ao longo do semestre, o projeto de pesquisa-ação de Rachel tratou de como engajar esse grupo de seis alunos de maneira mais ativa em trabalhos escolares durante o período para atividades livres. Rachel e sua professora-tutora[4] gradualmente forneceram uma estrutura mais explícita para aqueles períodos de aula e um monitoramento mais próximo do trabalho dos alunos. Rachel estava particularmente preocupada com dois garotos, em especial do grupo de seis, os quais estavam trabalhando durante vários meses na construção de um campo de futebol e que aparentemente não tinham aprendido muito enquanto faziam isso.

---

[4] Professor-tutor (cooperating teacher) é o nome dado ao professor que recebe estudantes em sua sala de aula para a realização do estágio supervisionado. (Nota do tradutor)

> Temos dois garotos que estavam fazendo um projeto desde antes de eu chegar...é um campo de futebol que eles estavam construindo. Era mais ou menos um pedaço de madeira com dois outros pedaços pregados dos lados que eles pintaram fazendo listras. E isso foi basicamente o que aconteceu para eles durante o período para atividades livres entre janeiro e quinta-feira passada, quando eles finalmente chegaram ao ponto de colocar os imãs. Então tem um imã no alto e eles recortaram pequenos jogadores de futebol e colocaram outro imã embaixo e levavam os dois jogadores de um extremo a outro do campo, o que é uma coisa legal na verdade. Não estou condenando isso. Mas ontem, durante o período para atividades livres, brincamos com o campo de futebol um pouquinho, está certo, funciona. É legal. Eles o fizeram funcionar por alguns dias. E começamos a discutir por que ele funcionava. E, você sabe, bem, é por causa dos ímãs. Quando aprofundamos no assunto, eles não sabiam nada sobre ímãs e não sabiam nem mesmo soletrar a palavra "ímã". Eles fizeram aquela coisa legal e isso é uma realização. Mas não é uma realização para ter tomado três meses e meio... ao final do dia de ontem, eu pelo menos fiz com que eles fossem consultar um livro sobre como os ímãs funcionam (comentário de Rachel, seminário de prática de estágio, 21 de abril).

Durante o semestre, Rachel havia lutado contra a ênfase, da professora-tutora em propiciar um ambiente de sala de aula positivo e afetivo e contra suas próprias preocupações de que os alunos estivessem perdendo tempo que poderia ser gasto com aprendizado formal. Durante uma discussão nos seminários, levantei um contraste entre a preocupação de Rachel com seus alunos perderem tempo e não fazerem muito em relação ao aprendizado formal e o foco da pesquisa-ação de outra estudante do grupo que trabalhou em uma escola de classe média alta. Nessa escola, a pesquisa da estudante em estágio centrou-se em como estimular uma maior criatividade e estratégias de resolução de problema dentre seus alunos. Isso levou a uma discussão de um tipo diferente de educação que é propiciada em escolas públicas para estudantes que vêm de diferentes classes sociais e *backgrounds* étnicos e deu mais incentivo para que Rachel examinasse como a situação de sua sala de aula e o seu próprio comportamento enquanto professora em formação poderiam contribuir para o problema que ela havia identificado.

Rachel continuou a lutar contra a tensão entre desafiar as crianças em termos de ensino formal ou manter as coisas pacíficas na sala de aula.

> Eu não quero me deparar de repente com algo como "acho que ela é uma professora ruim". Eu não. Acho que ela é uma professora maravi-

lhosa. Ela está bem concentrada no lado afetivo daquelas criancinhas. Temos um grupo bastante diversificado. Temos crianças com habilidades incrivelmente diferentes, tanto socais quanto escolares... e ela tem feito um trabalho maravilhoso unindo essas crianças, com exceção da guerra de lápis diária... minha professora acha que a atmosfera é mais importante que o conteúdo. Então, não sei (comentário de Rachel, seminário de pesquisa-ação, 21 de abril).

Ao mesmo tempo em que Rachel estava lutando contra a tensão entre construir uma classe coesa e desafiar os alunos em termos de ensino formal, ela leu dois artigos escritos por Lisa Delpit, os quais havia sido afixados na sala dos professores por um grupo de estudos de professores na escola (DELPIT, 1986, 1988). Dentre outras coisas, esses artigos enfatizavam as responsabilidades do professor que trabalha com alunos que se encontram excluídos da cultura do poder e questionavam a adequação cultural de algumas práticas de ensino que se alegavam progressistas e centradas no aluno, tais como processo de escrita e salas de aula abertas. A leitura desses textos que tratavam diretamente do dilema que ela estava vivenciando na época fez com que Rachel repensasse algumas de suas interpretações anteriores acerca do comportamento "problemático" dos seis alunos e questionasse como as práticas da professora e dela própria, enquanto uma professora em formação, podiam estar contribuindo para os problemas que elas estavam enfrentando com relação aos seis alunos.

> Estive observando e questionando alguns dos alunos com os quais estava preocupada. Aproximei-me de D. e a questionei por diversas vezes, durante cinco ou dez minutos antes de ela começar a trabalhar, perguntando por que ela ainda não havia começado. Ela frequentemente responde que ela não sabe o que fazer. Eu vinha atribuindo o problema à falha ou incapacidade dela em ouvir quando as instruções eram dadas, ou simplesmente à vontade dela de não trabalhar. Após ler o artigo de Delpit, fico imaginando se os problemas dela podem estar em não entender as instruções dadas. Embora elas pareçam ser muito claras em minha cabeça, não posso ter certeza de que D. está escutando e entendendo as instruções do mesmo jeito que eu e alguns outros alunos entendem (registro do diário de Rachel, dia 30 de Janeiro).

REFLEXÕES SOBRE O SEMINÁRIO DE PESQUISA-AÇÃO

Houve uma série de exemplos ao longo do semestre em que demos aos estudantes em estágio coisas para lerem que tratavam diretamente de assuntos com os quais eles estavam trabalhando em suas pesquisas e que tinham a intenção de alargar o pensamento do mesmo jeito que os artigos escritos por Lisa Delpit provocaram o pensamento de Rachel. A partir de nossa experiência de trabalho com os professores em formação, descobrimos que essa experiência de alimentar estrategicamente com conhecimento público as investigações de pesquisa-ação dos futuros professores é muito mais eficiente para desafiar o pensamento e as atitudes deles do que pedir-lhes que leiam coisas alheias à vivência que eles têm em suas escolas. Existem muitas evidências de que os professores em formação frequentemente resistem aos esforços, por parte dos formadores de professores, de auxiliá-los a ensinar de uma maneira a dar mais respostas em termos culturais (por exemplo, ALHQUIST, 1991). Especificamente no seminário de estágio discutido neste texto, não tínhamos um programa que determinasse com antecedência os tópicos e as leituras para cada semana. A agenda de cada semana era determinada pelo ponto em que os estudantes encontravam-se em seus estudos de pesquisa-ação. Esse formato aberto refletia nosso desejo de manter a posse, por parte dos futuros professores, de suas investigações, um elemento que é frequentemente identificado como característica fundamental da pesquisa-ação e que exerce um efeito de transformação nos professores (ANGELOTTI, *et al.* 2001; ZEICHNER, 1999). De maneira clara, tínhamos nossas próprias ideias sobre quais coisas eram importantes que os estudantes em estágio pensassem e tentamos encontrar meios de dirigir a atenção deles para essas coisas quando nos apareciam oportunidades nas discussões dos seminários e nos diálogos sobre os diários de campo.

Essa abordagem mais centrada no aluno contrasta com uma tentativa mais deliberada, por parte dos formadores de professores, de controlar os tópicos de discussão e dos estudos de pesquisa-ação dos professores em formação. A literatura mostra que, quando os formadores de professores tentam fazer isso, a experiência de se realizar pesquisa-ação é menos transformadora (por exemplo, ROBOTTOM, 1998). Por causa do compromisso com uma ética da atenção e de nossa fidelidade aos nossos estudantes enquanto pessoas, rejeitamos a ideia de determinar tópicos para a pesquisa-ação. Contudo, a questão de determinar se a pesquisa-ação ajudou esses professores em formação a tornarem-se mais aptos a dar respostas em termos culturais e defensores da justiça social para todos os seus alunos não pode ser resolvida a partir de uma análise de tópicos da pesquisa por si só. Como ilustra o caso de Rachel, é a qualidade do pensamento que ocorre no processo da pesquisa e não o tema em si mesmo que determina se a pesquisa tem uma motivação sociorreconstrucionista ou não. Nos cursos de formação docente, existe um grande número de artifícios para se criarem boas impressões – os estudantes demonstrando atitudes que vão ao encontro daquilo que eles acham que seus professores querem ver, porém mantendo-se internamente comprometidos com alguma outra coisa (ZEICHNER e GORE, 1990). Acreditamos que deixar os professores em formação manterem a propriedade e o controle sobre seus projetos de pesquisa-ação minimiza esse tipo de aceitação estratégica na qual falta um compromisso interior. Isso não quer dizer que os formadores de professores devam ser neutros ou devam esquivar-se de fazer com que seus estudantes pensem de modo mais atento acerca dos difíceis assuntos de igualdade e injustiça existentes no ensino e na sociedade e com que se tornem defensores de uma maior justiça social. Não quer dizer que *qualquer* coisa que os estudantes em estágio produzam em suas pesquisas deve ser aceita por seus professores. Quer dizer, entretanto, que os formadores de professores precisam tomar cuidado para não doutrinar, com crenças individuais, os professores em formação. O importante é desenvolver uma consciência crítica por parte dos futuros professores e cultivar a capacidade de examinar sua prática e aprender com ela de modo a incluir um olhar sobre as dimensões sociais e políticas de seu trabalho.

Finalmente, a forma com que se rotula os projetos de pesquisa-ação de futuros professores com base somente em seus tópicos e questões de investigação reforça a distinção entre técnico e crítico que não tem sido de útil, e a qual tem mantido as dimensões sociais e políticas do ensino à margem do discurso da formação docente em vários países. Todo projeto de pesquisa-ação tem potencialmente tanto aspectos técnicos quantos críticos que precisam ser explorados e desenvolvidos (ZEICHNER, 1993b), e não se ganha nada ao desvalorizar os desejos iniciais dos estudantes de concentrar naquilo que pode ser percebido por pessoas do mundo acadêmico como assuntos puramente técnicos. Essa negação da perspectiva dos futuros professores levará ao evitamento ou mesmo à rejeição explícita da mensagem dos formadores de professores.

Conclusão

É difícil aceitar o argumento de que os professores em formação não estão prontos, em termos de desenvolvimento, para considerar os tipos de implicações sociais e políticas de sua prática de ensino como a que Rachel enfrentou em sua pesquisa-ação. Embora houvesse o risco de que Rachel pudesse gastar mais tempo buscando meios de melhor controlar e de motivar aqueles alunos considerados marginais ou culpando os pais deles e as condições de seus lares por seu comportamento (o que é uma reação comum aos professores em formação), ela conseguiu certo progresso ao ver a situação de modo mais profundo. Ela considerou os aspectos culturais da situação e também obteve avanços ao melhorar de fato a condição das seis crianças que eram o foco de seu estudo. Rachel não fez milagres durante suas 20 semanas de estágio. Enquanto uma estagiária, ela tinha muito pouco poder formal sobre aquela situação. Ela estava trabalhando na sala de aula de outra pessoa (alguém que avaliava sua prática de ensino) onde não dividiam as mesmas opiniões acerca daquilo que os alunos deveriam fazer e de quanto de apoio deveria ser fornecido aos alunos.

É importante que não se tenha uma visão romântica acerca do que pode ser alcançado por meio da pesquisa-ação ou de qualquer outra estratégia institucional que venha a ser utilizada na formação inicial de professores. A pesquisa-ação não é a panaceia para o estado lamentável da formação de professores norte-americanos no que diz respeito a igualdade e diversidade. A pesquisa-ação fornece de fato um meio de professores em formação engajarem-se na análise de sua própria prática de ensino de modo que tal análise possa tornar-se a base para o aprofundamento e a expansão de seu pensamento e, consequentemente, a incluir um olhar sobre as dimensões sociais e políticas de seu trabalho. Ela pode fazer isso de modo que minimize o grau de obediência estratégica, por parte dos estudantes em estágio, e que possa começar a construir um compromisso autêntico dos professores em formação acerca do trabalho em prol da mudança social em sua prática de sala de aula.

Posfácio à pesquisa-ação na formação inicial de professores

A pesquisa-ação tem sido parte dos programas de formação inicial de professores nos Estados Unidos por cerca de, pelo menos, quarenta e cinco anos (BECKMAN, 1957; PERRODIN, 1959). Na última década, a pesquisa-ação progrediu de um "estar presente" em alguns programas de formação docente para se tornar uma prática comum nos programas de formação de professores norte-americanos (COCHRAN-SMITH e LYTLE, 1999). Alcançamos um ponto em que quase todos os programas julgam utilizar alguma forma de pesquisa-ação com seus professores em formação. A maioria desses esforços inclui o trabalho individual dos professores em formação em seus próprios projetos de pesquisa (por exemplo, ROSS, 1987) enquanto outros formam equipes de estagiários e seus professores-tutores (ANGELOTTI et. al. 2001; COCHRAN-SMITH, 1999; ROCK e LEVIN, 2002) ou equipes de estagiários e um professor da universidade (por exemplo, MOORE, 1999) para conduzir projetos de pesquisa dentro de parecerias escola-universidade (CLIFT *et al.*, 1990). Afirmações são feitas com frequência acerca do impacto que a pesquisa-ação exerce quando conduzida entre professores em formação. Por exemplo, Rock e Levin (2002) afirmam que a realização da pesquisa-ação aumentou o entendimento de seus alunos (professores em formação) acerca de suas próprias teorias de ensino, problematizou as pressuposições e crenças que eles traziam consigo para o curso e desenvolveu uma maior entendimento e uma maior apreciação das perspectivas dos alunos. Kosnik (1997) discute casos em que os professores em formação faziam declarações acerca do impacto estrondoso que tiveram ao realizar pesquisa-ação, tais como ajudar-lhes a tornarem-se mais centrados no aluno durante sua prática, com maiores habilidades para designarem tarefas e avaliarem seus alunos etc. Contudo, apesar do testemunho dos professores em formação, há ainda pouquíssimas evidências para comprovar as afirmações sobre esse impacto. Kosnik (2002) percebe corretamente que, mesmo que certos "efeitos" possam ser documentados durante o estágio dos estudantes, é difícil separar o impacto da pesquisa-ação da influência de outras estratégias e momentos do programa de formação docente.

Não está sempre claro que os professores em formação tenham realmente estudado suas práticas, condição necessária para a pesquisa-ação (por exemplo, FUEO e NEVES, 1995; PUCCI, ULANOFF e FAULSTICH, 2000). Em vez disso, eles podem realizar pesquisas sobre algum assunto, inclusive temas de desigualdade, sem problematizar sua própria prática de ensino ou as condições da sala de aula e da escola. Em segundo lugar, as condições sob as quais a pesquisa-ação tem sido conduzida nos programas de formação inicial de professores frequentemente não se mostram claras. Frequentemente, defende-se ensinar habilidades de pesquisa a professores em formação e, então, a formulação, por parte desses futuros professores, de questões de pesquisa e a passagem por ciclos de alguma versão de uma espiral de pesquisa-ação (planejar-agir--observar-refletir) e a participação em encontros ou seminários onde as pesquisas em curso dos professores em formação são discutidas. Em um caso (FUEO e NEVES, 1995), ensinam-se aos alunos como utilizar uma metodologia específica de pesquisa que envolva teste de hipóteses e identificação de variáveis dependentes e independentes. Majoritariamente, as especificidades de como os professores em formação foram apresentados à pesquisa-ação e auxiliados em sua condução permanecem sem esclarecimento, embora se afirme com frequência que os futuros professores identificam suas próprias questões de investigação, propriedade essencial para o sucesso da pesquisa (ANGELOTTI, *et al.* 2001). Em alguns casos, um objetivo específico para a pesquisa-ação é descrito tal qual na tentativa de Valli (2000) de fazer com que os futuros professores relacionassem seus projetos de pesquisa-ação com esforços para melhorias na escola.

Muito raramente menciona-se algo relativo ao desenvolvimento do trabalho docente em prol da justiça social em paralelo ao uso da pesquisa-ação na formação inicial de professores. Além do nosso trabalho em Wisconsin, as exceções mais notáveis a essa falta da dimensão política na pesquisa-ação na formação inicial de professores são os trabalhos de Cochran-Smith (1999) e Cochran-Smith e Little (1993) na Universidade da Pensilvânia e o trabalho atual de Jeremy Price na Universidade de Maryland (PRICE, 2001). É possível encontrar também outros casos isolados de pesquisa-ação realizados por professores em formação com alguma intenção emancipatória. Por exemplo, em um dos quatro projetos de pesquisa-ação de futuros professores apresentados por Keating *et al.* (1998), há uma clara intenção em relação à busca por igualdade na educação. Conforme declara Price (2001), simplesmente incluir uma exigência de pesquisa-ação em um programa de formação docente não indica nada em particular quanto a intenções ou propósitos. Tudo depende de como a pesquisa-ação realizada pelos professores em formação é concebida e auxiliada pelos formadores de professores. Por meio da análise da literatura sobre pesquisa-ação na formação inicial de professores (por exemplo, DANA e SILVA, 2001; FELDMAN e REARICK, 2001; FREISEN, 1995; POETTER, 1997; ROSS, 1987; STUBBS, 1989 etc.), tem-se uma clara indicação de que o impulso democrático e político historicamente associado à pesquisa-ação não está presente com frequência. Em vez disso, declaram-se o aprendizado e o desenvolvimento do professor como sendo o maior objetivo do trabalho, independentemente se essa maior reflexão por parte do professor ou da professora e o novo conhecimento que ele ou ela produz por meio da pesquisa-ação contribuem para o objetivo de uma educação de alta qualidade para os filhos de todos. Isso não significa que os formadores de professores envolvidos não se importem em ministrar uma melhor educação para os filhos de todos. Isso quer dizer que eles não discutem explicitamente uma intenção emancipatória nem fornecem exemplos de pesquisas que a ilustrem ao apresentar seu trabalho com pesquisa-ação em programas.

É hora de uma maior parte da comunidade de formação docente nos Estados Unidos encarar o desafio de formar professores que possam ensinar todos os estudantes de acordo com os padrões acadêmicos mais elevados. Esquivar-se desse complexo desafio tendo como base a "inadequação de desenvolvimento" ou simplesmente ignorá-lo é uma posição moralmente inaceitável. No outro extremo, fazer declarações de que milagres foram alcançados, dentro das estruturas vigentes na formação de professores, no sistema escolar e na sociedade, por meio de uma prática educacional isolada é uma posição inocente ou desonesta. Precisamos reconhecer a complexidade do trabalho de preparar professores para ensinar aos filhos de todos, e reconhecer que, ao menos no futuro próximo, não alcançaremos nossos objetivos. Temos, contudo, que manter os temas de igualdade e justiça social em destaque na agenda da formação docente. Caso contrário, estaremos ajudando a manter e reforçar a mesma opressão e as mesmas injustiças com que dizemos nos chocar. A pesquisa-ação oferece grande potencial enquanto ferramenta de ensino para formadores de professores que querem trabalhar rumo a uma melhor educação para todos os alunos dentro do contexto de um programa de formação docente orientado para o sociorreconstrucionismo.[5]

---

[5] Ver também Diniz-Pereira (2002) acerca de uma discussão geral sobre o potencial emancipatório da pesquisa-ação.

Referências

AHLQUIST, R. Position and imposition: Power relations in a multicultural foundations class. *Journal of Negro Education*, v. 60, n. 2, 1991, p. 158-169.

ANGELOTTI, M.; CAPELLA, D.; KELLY, P.; POPE, C.; BEAL, C. & MILNER, J. Preservice teacher research: How viable is it? *English Education*, v. 34, n. 1, 2001, p. 79-85.

APPLE, M. W. *Educating the right way: Markets, standards, God, and inequality.* New York: Routledge-Falmer, 2001.

BECKMAN, D. R. Student teachers learn by action research. *Journal of Teacher Education*, v. 8, n. 4, 1957, p. 369-375.

BURBULES, N. e TORRES, C.A. (orgs.). *Globalization and education: Critical perspectives.* New York: Routledge-Falmer, 2000.

CALDERHEAD, J. e GATES, P. (orgs.). Introduction. In: *Conceptualizing reflection in teacher development.* London: Falmer Press, 1993, p. 1-10.

Children's Defense Fund. *The state of America's children.* Washington, D.C., 2001.

CLIFT, R.; VEAL, M.L.; JOHNSON, M.; & HOLLAND, P. Restructuring teacher education through collaborative action research. *Journal of Teacher Education*, v. 41, n. 2, 1990, p. 52-62.

COCHRAN-SMITH, M. The power of teacher research in teacher education. In: S. Hollingsworth & H. Sockett (orgs.). *Teacher research and educational reform.* Chicago: University of Chicago Press, 1994.

COCHRAN-SMITH, M. & LYTLE, S. *Inside/outside: Teacher research and knowledge.* New York: Teachers College Press, 1993.

COCHRAN-SMITH, M. & LYTLE, S. The teacher research movement: A decade later. *Educational Researcher*, v. 28, n. 7, 1999, p. 15-25.

CRITTENDEN, B. Some prior questions in the reform of teacher education. *Interchange*, v. 4, n. 2-3, 1973, p. 1-11.

DANA, N. F. & SILVA, D.Y. Student teachers as researchers: Developing an inquiry stance toward teaching. In: RAINER, J. & GUYTON, E. (orgs.). *Research on the effects of teacher education on teacher performance.* Dubuque IA: Kendall Hunt, 2001, p. 91-104.

DELPIT, L. Skills and other dilemmas of a progressive black educator. *Harvard Educational Review*, v. 56, n. 4, 1986, p. 379-394.

DELPIT, L. The silenced dialogue: Power and pedagogy in educating other people's children. *Harvard Educational Review*, v. 58, 1988, p. 280-298.

DINIZ-PEREIRA, J. E. Globalizations: Is the teacher research movement a critical and emancipatory response? *Educational Action Research*, v. 10, n. 3, 2002, p. 373-398.

FELDMAN, A.; REARICK, M. & WEISS, T. Teacher development and actionresearch: Findings from six years of action research in schools. In: RAINER, J. & GUYTON, E. (orgs.). *Research on the effects of teacher education on teacher performance*. Dubuque IA: Kendall Hunt, 2001, p. 105-118.

FREISEN, D. Action research in the teaching internship. *Educational Action Research*, v. 3, n. 2, 1995, p. 153-168.

FUEO, V. & NEVES, A. Preservice teacher as researcher: A research context for change in the heterogeneous classroom. *Action in Teacher Education*, v. 16, 1995, p. 39-49.

GORE, J. Practicing what we preach: Action research and the supervision of student teachers. In: TABACHNICK, B. R. & ZEICHNER, K. (orgs.). *Issues and Practices in Inquiry-Oriented teacher education*. London: Falmer Press, 1991, p. 253-272.

GORE, J. & ZEICHNER, K. Connecting action research to genuine teacher development. In: SMYTH, J. (org.). *Critical perspectives on teacher development*. London: Falmer Press, 1993, p. 203-214.

GORE, J. & ZEICHNER, K. Action research and reflective teaching in preservice teacher education: A case study from the U.S. *Teaching & Teacher Education*, v. 7, n. 2, 1991, p. 119-136.

HANDAL G. & LAUVAS, P. The practical theories of teachers. In: *Promoting reflective teaching*. Milton Keynes, U. K: Open University Press, 1987.

IZUMI, L. & COBURN, K. G. *Facing the classroom challenge: Teacher quality and teacher training in California's schools of education*. San Francisco: Pacific Research Institute, 2001.

KANSTOROOM, M. & FINN, C. (orgs.). *Better teachers, better schools*. Washington, D.C: The Fordham Foundation, 1999.

KOSNICK, C. The transformative power of the action research process: Effects of an inquiry approach to preservice teacher education. *Networks*, v. 2, n. 1. www.oise.utoronto.ca/~ctd/networks. March, 1999.

KOSNICK, C. Looking back: Six student teachers reflect on the action research experience in their teacher education programs. *Action in Teacher Education*, v. 22, n. 2, 2000, p. 133-142.

LADSON-BILLINGS, G. Culturally relevant teaching. The College Board Review, v. 155, 1990, p. 20-25.

LADSON-BILLINGS, G. *Crossing over to Canaan: The journey of new teachers in diverse classrooms*. San Farncisco: Jossey Bass, 2001.

LEE, J. Racial and ethnic achievement gaps: Reversing the progress toward equity? *Educational Researcher*, v. 31, n. 1, 2002, p. 3-12.

LISTON, D. & ZEICHNER, K. *Teacher education and the social conditions of schooling*. New York: Routledge, 1991.

MCINTRYRE, D. Theory, theorizing, and reflection in initial teacher education. In J. Calderhead & P. Gates (orgs.). *Conceptualizing reflection in teacher development*. London: Falmer Press, 1993, p. 39-52.

MOORE, R. Preservice teachers engaged in reflective classroom research. *The Teacher Educator*, v. 34, n. 4, 1999, p. 259-275.

NOFFKE, S. & BRENNAN, M. Action research & reflective student teaching at the University of Wisconsin-Madison. In: TABACHNICK, B. R. & ZEICHNER, K. (orgs.). *Issues & practices in inquiry-oriented teacher education*. Philadelphia: Falmer Press, 1991, p. 186-201.

NOFFKE, S. & ZEICHNER, K. *Action research and teacher development*. Paper presented at the annual meeting of the American Educational Research Association: Washington, D.C., 1987.

OAKES, J. & LIPTON, M. *Teaching to change the world*. Boston, MA: McGraw Hill, 1999.

PAIGE, R. *Meeting the highly qualified teacher challenge*. Washington, D.C: U.S. Department of Education, 2002.

PERRODIN, A. Student teachers try action research. *Journal of Teacher Education*, v. 10, n. 4, 1959, p. 471-474.

PUCCI, S.L.; ULANOFF, S.H.; & ORELLANA, M. F. Se hace camino al andar: Reflections on the process of preservice inquiry. *Educators for Urban Minorities*, v. 1, n. 2, 2000, p. 17-26.

POETTER, T. *Voices of inquiry in teacher education*. Mahwah, N. J.: Erlbaum, 1997.

PRICE, J. Action research, pedagogy and change: The transformative potential of action research in preservice teacher education. *Journal of Curriculum Studies*, v. 33, n. 1, 2001, p. 43-74.

ROBOTTOM. I. A research-based course in science education. In: J. Nias e S. Groundwater-Smith (orgs.). *The enquiring teacher: Supporting and sustaining teacher research*. London: Falmer Press, 1988.

ROCK, T. C. & LEVIN, B.B. Collaborative action research projects: Enhancing preservice teacher development in professional development schools. *Teacher Education Quarterly*, v. 29, 2002, p. 7-21.

ROSS, D. Action research for preservice teachers: A description of why and how. *Peabody Journal of Education*, v. 64, n. 3, 1987, p. 131-150.

SCHILDGREN, K. *A closer look at student involvement with action research*. School of Education, U.W.-Madison, 1995. (mimeogr.).

STUBBS, M. *Training would be teachers to do research: A practical account*. Relatório de pesquisa No. 197. Wellesley, MA: Center for Research on Women, 1989.

TABACHNICK, B. R. e ZEICHNER, K. Ideas and action: Action research and the development of conceptual change teaching in science. *Science Education*, 1999.

VALLI, L. Connecting teacher development and school improvement: Ironic consequences of a preservice action research course. *Teaching and Teacher Education*, 16, 2000, p. 715-730.

VILLEGAS, A. M. *Culturally responsive pedagogy for the 1990's and beyond*. Princeton, NJ: Educational Testing Service, 1991.

WORTH R.F. & HARTOCOLLUS, A. Johnny can read but does he know how to vote? *The New York Times*, June 30th, 2002, p. 19.

ZEICHNER, K. Traditions of practice in U.S. preservice teacher education programs. *Teaching & Teacher Education*, v. 9, n. 1, 1993, p. 1-13.

ZEICHNER, K. Action research: Personal renewal and social reconstruction. *Educational Action Research*, v. 1, n. 2, 1993b, p. 199-219.

ZEICHNER, K. Action research and the preparation of reflective practitioners during the practicum. *Practical Experiences in Professional Education*, v. 3, n. 1, 1999, p. 1-26.

ZEICHNER, K. e GORE, J. Using action research as a vehicle for student teacher reflection: A social reconstructionist approach. In: S. Noffke e B. Stevenson (orgs.) *Practically critical: An invitation to action research in education*. New York: Teachers College Press, 1995, p. 13-30.

ZEICHNER, K. e GORE, J. Teacher socialization. In: HOUSTON, W. R. (org.), *Handbook of research on teacher education*. New York: Macmillan, 1990, p. 329-348.

ZEICHNER, K. e LISTON, D. Teaching student teachers to reflect. *Harvard Educational Review*, v. 57, n. 1, 1987, p. 1-22.

ZEICHNER, K. e MILLER, M. Learning to teach in professional development schools. In: LEVINE, M. e TRACHTMAN, R. (orgs.) *Making professional development schools work: Politics, practice, and policy*. New York: Teachers College Press, 1997.

ZEICHNER, K. e NOFFKE, S. Practitioner research. In: V. Richardson (org.) *Handbook of research on teaching*. Washington, D.C: American Educational Research Association, 2001, p. 298-332.

ZEICHNER, K. e TEITELBAUM, K. Personalized and inquiry oriented teacher education. *Journal of Education for Teaching*, v. 8, n. 2, 1982, p. 95-117.

CAPÍTULO 4
Quinze anos de pesquisa-ação pela emancipação política e educacional de uma universidade sul-africana

Dirk Meerkotter
Maureen Robinson

Este capítulo analisa o programa de pesquisa-ação do mestrado em educação que foi introduzido na Faculdade de Educação da Universidade do Cabo (University of Western Cabe/UWC), África do Sul, em 1987. O programa, conforme será explicado, localizava-se explicitamente dentro de uma abordagem emancipatória de educação. Neste capítulo, discutiremos alguns dos conceitos fundamentais associados a essa abordagem da educação. Também forneceremos um *background* histórico relativo à introdução do mestrado e a seu desenvolvimento na Universidade.

O programa de mestrado em educação foi introduzido durante uma época de repressão política e discriminação social intensas, quando o governo do *apartheid* detinha muito controle na África do Sul. As origens do programa serão aqui descritas, bem como alguns dos fatores históricos que tiveram impacto em seu desenvolvimento. Referências serão também feitas aos doutoramentos obtidos nessa área, assim como a outros projetos, na Faculdade, que apresentavam um intuito emancipador.

Em 1994, após anos de luta política pelos movimentos de libertação, tanto dentro quanto fora do país, obteve-se a negociação de um acordo, e a África do Sul realizou suas primeiras eleições democráticas. Daquela época em diante, o cenário político mudou fundamentalmente, embora a transformação social e econômica tenha sido lenta naquilo que se seguiu. Trataremos de alguns dos desafios impostos a uma abordagem emancipatória da pesquisa-ação na África do Sul contemporânea por eles terem se refletido nas experiências de diversas iniciativas de pesquisa-ação ao longo daqueles anos turbulentos.

Uma visão da educação emancipatória

A prática educacional emancipatória deveria, a nosso ver, se basear na ação estratégica dos professores voltada para o cuidado e o desenvolvimento da capacidade, inerente aos alunos, de tomar decisões acerca de suas próprias vidas e de seu próprio futuro, e de aceitar a responsabilidade própria a essas decisões. Essa é também uma das características do programa de pesquisa-ação a ser discutido neste capítulo.

Como ponto de partida, aceita-se a ideia de que seres humanos sempre sofrem alguma forma de opressão, e que a liberdade, no sentido amplo da palavra, jamais será experimentada por ninguém. Fatores que limitam nossas possibilidades humanas, contudo, não podem sempre levar a culpa relativa a algo como desastres naturais, doenças incuráveis ou mesmo à inevitabilidade da morte. Também há, de fato, a opressão que se sofre como resultado de mal-entendidos pessoais, de interpretações acerca da disposição pessoal de determinado indivíduo frente à vida e a crenças e medos próprios do sentido e do objetivo da vida. Nesse nível, seria tarefa do educador emancipador auxiliar os indivíduos para que esclareçam, para si mesmos, as maneiras pelas quais eles limitam suas próprias possibilidades em situações pessoais, bem como sociais.

Na África, como também é o caso de outros países ao redor do mundo, a opressão manifesta-se em diversos níveis. Esses níveis de opressão frequentemente tomam a forma da discriminação de sexo, de raça e de classe, que se baseia em visões de mundo particulares e relativas a aspectos culturais, religiosos, econômicos e políticos. Tais ideologias podem ter implicações estruturais formais ou informais nas sociedades, ou ambas, como era o caso do *apartheid* na África do Sul.

Quando quer que isso aconteça, onde quer que aconteça, torna-se responsabilidade do educador fazer com que aqueles que foram afetados tornem-se conscientes de sua opressão, possibilitando-lhes vencerem suas batalhas, as quais também poderiam, de maneira muito real, ser a luta ou as batalhas dos próprios educadores.

Como vemos, quatro dos mais importantes atributos dos educadores emancipadores seriam:

- primeiro, que eles aceitem que todos os seres humanos tendem a oprimir outros e que eles deveriam tentar continuamente determinar se eles mesmos não estariam limitando as possibilidades daqueles a quem estão ensinando em uma dada situação.
- segundo, que eles entendam que é essencial para os seres humanos protegerem-se contra sua própria opressão, que eles precisam crescer conscientemente rumo à sua própria libertação e, além disso, desafiar quaisquer formas de opressão e de discriminação que sejam compartilhadas, coletivamente, com outros.
- terceiro, que se deem conta de que, embora seres humanos não sejam totalmente destinados à opressão, isso não os alivia da responsabilidade de trabalhar em prol do ideal de emancipação, e
- quarto, que os professores reconheçam que também são obrigados a libertarem-se da opressão nos diversos contextos em que se encontram, e que eles não conseguirão serem totalmente emancipados se aqueles a quem educam não forem livres.

O programa de pesquisa-ação do mestrado, desde seu começo, baseou-se na crença de que os professores poderiam e deveriam desempenhar um papel central enquanto agentes da mudança democrática nas instituições educacionais da África do Sul. Essa crença tomou a forma de um compromisso político, que se expressou de diferentes maneiras. Primeiro, por uma relação bem próxima desenvolvida entre aqueles que ensinavam no programa e as organizações que se opunham ao sistema de *apartheid*, como a Frente Democrática Unida (UDF) e o Comitê Coordenador de Educação Nacional (NECC), estando os acadêmicos que ensinavam no programa participando ativamente do trabalho dessas organizações.

Em segundo lugar, por ter-se reconhecido que muitos professores que mantinham, e frequentemente manifestavam, opiniões democráticas radicais não necessariamente praticavam na sala de aula o que pregavam em palanques políticos e de outras naturezas. Argumentou-se que a insólita ligação entre as atividades políticas democráticas nas escolas e nas salas de aula tinha que se tornar visível e ter um direcionamento, se era para se construir uma cultura democrática nas escolas.

Em terceiro lugar, embora tenhamos percebido que um programa de pesquisa-ação, enquanto projeto acadêmico, não poderia ter esperanças de mudar práticas educacionais em larga escala, viu-se o programa como importante estratégia política para, principalmente, educar aqueles que tiveram o direito de voto previamente arrancado pelo governo do *apartheid* para alcançar posições mais destacadas no setor de educação sob um novo governo, democrático e antecipado. Isso foi feito na esperança de que algumas das ideias democráticas e emancipatórias relativas à igualdade de raça, de classe e de sexo surgiriam sob uma nova liderança em nossos departamentos e escolas, uma vez que uma transferência de poder ocorresse.

Com isso em mente, o programa começou com absoluto compromisso com uma forma emancipatória de educação, o que foi entendido como tendo os seguintes propósitos: primeiro, fazer os estudantes (dos quais todos eram professores que exerciam a profissão) do programa conscientes das restrições em suas vidas as quais os proibiam de se tornar aquilo que eles, enquanto seres humanos, têm o potencial de ser. Em segundo lugar, para assegurar que as práticas educacionais que diminuem as possibilidades humanas sejam desmascaradas, desmistificadas e eliminadas por meio da reflexão crítica e da ação estratégica. Em terceiro lugar, educar os estudantes e os professores de tal maneira que eles pudessem se tornar crescentemente aptos a libertarem a si mesmos e outros dos inibitivos grilhões políticos, culturais e pessoais, que lhes impedem de se tornarem amplos participantes nos processos e decisões que moldam suas vidas.

Uma história de dominação e emancipação no contexto sul-africano

Como pano de fundo para o entendimento do compromisso emancipador do programa de pesquisa-ação, fazem-se necessários alguns comentários no contexto de opressão que tem dominado vidas na África do Sul por muitas gerações. Não há dúvida de que os fenômenos de opressão e de liberdade, tão centrais nas vidas de todos os seres humanos, têm afetado a qualidade de vida no extremo sul do continente africano durante milhares de anos. Contudo, segundo o propósito deste capítulo, trataremos somente, e de modo muito breve, da história recente de opressão que se iniciou há cerca de 350 anos com a chegada, em 1652, de três navios holandeses.

Ainda que o motivo para o estabelecimento dos holandeses na península do Cabo fosse implantar um posto que servisse de passagem entre a Europa e o extremo oriente, a fim de que mercadores que passassem por ali pudessem reabastecer-se de água e de alimentos, a nova estação de passagem logo tornou-se muito mais que isso. Áreas de cultivo foram proclamadas pelos novos habitantes e não demorou muito para que pequenas cidades começassem a crescer nos arredores da Cidade do Cabo, alargando seus limites. Os habitantes holandeses, com sua bíblia, sua pólvora e suas habilidades econômicas, dentre outras, trazidas da Europa, logo obtiveram o que o povo indígena Khoi tinha de melhor, em termos políticos e econômicos, dentro e nos arredores do estabelecimento.

A primeira guerra de libertação no país aconteceu há muito tempo, em 1659, quando Goringhaiqua Doman liderou os Khoi da Península contra os holandeses. A guerra de Doman contra a opressão daqueles que se estabeleceram na África do Sul seguiu-se de várias outras, envolvendo, ao longo do tempo, os outros povos dessa parte do mundo. Nos mais de três séculos que levaram à distribuição democrática para todos, centenas, se não milhares, de histórias refletem a luta de seres humanos pela emancipação. Há as histórias de escravos; dos Voorktrekkers que deixaram a Colônia do Cabo nos anos 30 do século XIX por motivos econômicos e políticos após a ocupação britânica do Cabo, em 1806; das muitas batalhas e guerras entre os Voorktrekkers e o povo africano que vivia nas partes leste, norte e central daquilo que agora é chamado de África do Sul; das guerras Anglo-Bôer de 1881 e de 1899-1902, quando os antigos invasores africânderes e os colonizadores do interior sul-africano defenderam sua liberdade política, mas a perderam para os colonizadores britânicos. Então, em 1910, a história desenvolveu-se a partir das duas antigas repúblicas Bôer, junto com Natal e a Colônia do Cabo, formando a União da África do Sul, uma união que consolidou efetivamente o poder político e econômico nas mãos da minoria populacional branca.

Seguindo-se ao Ato da União, africanos que tinham educação formal constituíram o Congresso Nativo Sul-Africano, que posteriormente, em 1912, tornou-se o Congresso Nacional Africano. A despeito de uma forte consciência política entre os africanos daquela época, seus esforços não resultaram em mais liberdades políticas e econômicas e, no meio do século, eles haviam perdido até mesmo os poucos direitos que tinham quando a União foi formada. Em 1913, o Ato da Terra Nativa, um dos pilares da segregação, dividiu a União em áreas "brancas" e "negras". Depois de 1923, os africanos tiveram permissão de entrar em áreas brancas apenas temporariamente para servir às necessidades da economia do homem branco (sic). Áreas designadas para os povos africanos foram denominadas locações de nativos. Elas foram formadas na periferia das cidades menores e maiores e tornaram-se símbolos da crescente marginalização do povo negro. Essas "locações" são, ainda hoje, parte da paisagem sul-africana. Em 1936, foi aprovada a legislação que impediu por completo o direito de voto da maioria africana, além de deixá-las com apenas 13% da terra.

Nesse ínterim, o nacionalismo africânder branco continuou a crescer. Isso resultou em uma vitória, em 1948, do Partido Nacional, o partido político que representava os interesses dos africânderes brancos. Por meio das medidas relativas ao *apartheid* e à segregação, o privilégio branco entrincheirou-se ainda mais além, na costa africana, nos grupos populacionais "de cor" ("de raça misturada") e indianos da África do Sul. A resistência contra a opressão desumana logo se refletiria na formação de alianças entre o Congresso Nacional Africano (ACN) e atividades dos "de cor" e dos indianos, além da implementação da Campanha de Resistência Declarada na década de 50 do século XX. Durante essa campanha (que se repetiu em 1989), os sul-africanos de cor ativamente desobedeceram diversas restrições raciais que eram parte do racismo institucionalizado na África do Sul. Essa campanha e outras expressões organizadas de resistência pelo Congresso Nacional Africano e pelo Congresso Pan-Africanista, nos anos 50 e 60 do século XX, foram brutalmente enfrentadas pelo governo, e muitos dos líderes dos movimentos fugiram do país ou foram presos, dentre eles Nelson Mandela.

Agora nós voltaremos para a função do setor educacional na luta por liberdade, uma luta que eventualmente levou ao primeiro governo sul-africano eleito democraticamente, em 1994, com Nelson Mandela como o primeiro presidente da nova república.

Dominação e resistência no setor educacional

A situação política nas escolas sul-africanas durante o último quarto do século XX foi extremamente volátil. Há, de fato, poucos lugares no mundo onde escolas, enquanto parte de uma sociedade injusta e totalitária, foram dominadas física e ideologicamente pela luta contra a opressão política da maneira que se viu na África do Sul durante aqueles anos.

Apesar das ações autoritárias e da penetrante ideologia estatal do *apartheid*, movimentos populares resistiram fortemente às medidas governamentais. A contínua oposição às medidas relativas ao *apartheid*, incluindo o opressivo sistema de educação introduzido para pessoas negras nos anos 50 do século XX (a assim chamada Educação Bantu), levou, em 1960, ao banimento dos maiores movimentos de oposição, o Congresso Nacional Africano (ACN) e o Congresso Pan-Africanista (PAC). Isso resultou em um período de extrema repressão, o qual durou ininterruptamente até o final dos anos 80. A luta por uma educação igualitária e por devida escolarização alcançou seu ápice durante os levantes escolares, em todo o país, em 1976. A partir dessa data, as escolas desempenhariam um papel consistentemente significante no desenrolar do drama político que eventualmente levaria ao não banimento do ANC e do PAC, à libertação de Nelson Mandela e ao início das negociações finais pra a criação de uma sociedade democrática.

No inverno de 1976, um comitê de ação (posteriormente conhecido como o Conselho Representativo dos Estudantes de Soweto) organizou uma marcha para protestar contra a imposição do africânder (a língua do partido dominante) como meio de instrução em suas escolas. Isso resultou no fato de a polícia ter aberto fogo contra crianças de escola. Em questão de semanas um levante de nível nacional estava armado. A resposta do estado para a crise nas escolas foi agir de maneira crescentemente autocrática e violenta contra a grande massa da população que não tinha direito ao voto e certamente contra aqueles que estavam nas escolas – estudantes e professores sem distinção. Seguiram-se boicotes após boicotes de escolas, além de numerosos protestos. Gradualmente o movimento escolar produziu aliados, tais como os sindicatos, além de movimentos religiosos e outros movimentos sociais, mobilizando de maneira crescente seus membros contra as estruturas do *apartheid* no país e no próprio setor educacional (inicialmente liderado por estudantes, mais que por professores de ensino médio e fundamental, professores universitários e pais) (CHRISTIE, 1985, p. 238-242).

Recorrentes boicotes nas escolas e a recriminação do estado contra professores e alunos resultaram na realização da Primeira Conferência da Crise na Educação, em Joanesburgo, em dezembro de 1985. Esse foi o primeiro fórum público a dar maior atenção para o slogan que então surgia como "A Educação do Povo pelo Poder do Povo". Explicou-se a Educação do Povo, naquela ocasião, nos termos dos seguintes objetivos e ideais:

- tentará possibilitar aos oprimidos entender os males do sistema de *apartheid* e prepará-los para a participação em um sistema não racista e democrático.
- contribuirá para eliminar as normas capitalistas de competição e de individualismo, e para auxiliar o desenvolvimento da inserção coletiva e da participação ativa de todos, incentivando-os.
- empenhar-se-á na eliminação do analfabetismo, da ignorância e da exploração de qualquer pessoa por outra.
- fornecerá meios e treinamento para que todas as pessoas participem ativamente e de maneira criativa na luta para alcançar o Poder do Povo, a fim de estabelecer-se uma África do Sul não racista e democrática.
- trabalhará em prol da mobilização de todos os estudantes, pais, professores e trabalhadores rumo a estruturas organizacionais adequadas.
- tentará tornar possível aos trabalhadores resistirem à exploração e à opressão nos locais de trabalho (adaptado de Sairr, 1985, p. 395).

O Comitê Nacional da Crise na Educação (NECC) foi formado para coordenar as ações ao redor da Educação do Povo. Foi esse comitê que apelou aos estudantes para que eles voltassem às salas de aula após a segunda Conferência Consultiva, em Durban, em março de 1986, quando ficou claro que os boicotes escolares vigentes estavam começando a enfraquecer as chances de vida daquela geração de crianças em idade escolar. A Conferência também elegeu um Comitê de Educação do Povo para prosseguir com a tarefa de desenvolver uma nova política educacional para a África do Sul. Cinco comissões nacionais foram estabelecidas (envolvendo professores, estudantes e pais) para pesquisarem e prepararem currículos para os programas de Educação do Povo nas escolas.

Depois de 1990, o Comitê Coordenador de Educação Nacional (NECC) inicialmente colocou muita ênfase no estabelecimento de um único departamento de educação não racista para todos no país no lugar dos diversos departamentos definidos por critérios de raça que existiam naquela época. Quase no fim do ano de 1991, entretanto, percebeu-se que a mudança na educação não poderia permanecer no nível do controle educacional e que a política de opressão e libertação também precisava de atenção séria. Professores muito conscientes politicamente eram, conforme mencionado anteriormente, frequentemente autocríticos em suas próprias salas de aula. Em decorrência do reconhecimento da importância de mudança democrática na sala de aula, o Comitê Nacional Executivo do Comitê Coordenador de Educação Nacional (NECC) resolveu, na segunda metade de 1991, adotar uma série de projetos, dos quais um se concentrava especificamente na importância de se realizarem mudanças na situação real da sala de aula. Esse projeto tornou-se o Projeto de Educação do Povo do Comitê Coordenador de Educação Nacional (NECC) e resultou em quatro convenções regionais sobre Educação do Povo e uma Convenção Nacional de Educação do Povo, em outubro de 1992. Diversos membros da Faculdade de Educação da UWC envolveram-se de maneira central nesse projeto (MEERKOTTER, 1993, p. 19).

As principais metas das convenções eram:
- recolocar "A Educação do Povo pelo Poder do Povo" na agenda dos professores, pais e estudantes nas ocasiões em que eles conversassem sobre mudanças educacionais em prol de uma "nova" África do Sul.
- redirecionar o fogo da Educação do Povo para longe das batalhas na rua pela democracia na educação rumo a uma luta nas escolas e nas salas de aula; e

- reconhecer o papel do professor enquanto intelectual transformador na democratização da sala de aula, sem esquecer o envolvimento de estudantes e pais no processo (MEERKOTTER, 1993, p. 20-21).

Na próxima parte deste capítulo, discutiremos a ligação entre as lutas políticas e educacionais aqui descritas e a teoria e prática de educação radical sendo adotada ao mesmo tempo na Universidade do Cabo.

A UNIVERSIDADE DO CABO

No final dos anos 50, o governo sul-africano, frente à crescente demanda pela admissão nas universidades de outras pessoas, que não brancas, criou uma série de instituições étnicas para atender aos diferentes "grupos populacionais" no país e, assim, proteger as universidades historicamente brancas para que não se tornassem crescentemente multiétnicas. Aqueles que não eram classificados como "brancos" tinham que se inscrever para a obtenção de permissão para estudarem nas chamadas universidades "de brancos". Estabeleceu-se a Universidade do Cabo próximo à cidade do Cabo, em 1960, para zelar por aproximadamente 10% da população do país classificada como de cor.

Em seus primeiros dias, a Universidade do Cabo (UWC) teve como funcionários, por quem foi dominada, defensores da política do *apartheid* governamental. O primeiro reitor via a UWC como:

> [...] uma instituição de educação superior que deve estabelecer-se para pessoas de cor, uma universidade que forneceria um sólido treinamento acadêmico e inspirar-lhes-ia a ambição de servir seus companheiros [sic]. O guardião branco foi obrigado a fornecer essas facilidades para seu [sic] protegido de cor. (citado em SAMUELS, 1992, p. 80)

Quase desde o início houve oposição estudantil a essa instituição tão racialmente definida. Estudantes iam até a UWC sob protesto e, posteriormente, conforme crescia a consciência política, para protestar. Devido ao crescente número de estudantes e à crescente resistência ao estado gerada nos anos 70, a UWC tornou-se um poderoso campo de batalha ideológica. Em 1982, o equilíbrio de poder na Universidade havia mudado. O Conselho Universitário (o mais alto corpo de tomada de decisões) aprovou uma Declaração de Objetivos que rejeitava as bases políticas e ideológicas sobre as quais a Universidade havia sido fundada, e firmava o compromisso de que a Universidade trabalharia para "o desenvolvimento das comunidades do Terceiro Mundo". A partir daí, a Universidade rapidamente tornou-se, dentre as universidades, aquela de crítica mais adstringente ao estado, tanto que o último presidente de um estado de *apartheid*, F. W. de Klerk, então Ministro da Educação Nacional, tentou destruir a instituição cortando-lhe o subsídio estatal. Ele foi impedido de fazer isso por uma determinação da Suprema Corte (VAN DEN BERG e MEERKOTTER, 1996, p. 94).

O então reitor, Professor G. J. Gerwel, em seu discurso inaugural, em 1987, viu a instituição como "o lar intelectual da esquerda" (GERWEL, 1987, p. 2). Samuels (1992, p. 81) menciona a seguir o que entende como características dessa visão:

- O compromisso da instituição, no todo, de trabalhar rumo à destruição da ordem social do *apartheid* e de contribuir para a formação de uma África do Sul não racista e democrática.
- A identificação e o desenvolvimento de ligações formais com movimentos políticos progressivos dentro da comunidade política.
- A democratização dos processos de tomada de decisão internos da instituição; e
- A transformação do currículo.

A Faculdade de Educação havia sido uma das primeiras faculdades estabelecidas na UWC e era uma das mais conservadoras – em clara sintonia com as causas do governo do *apartheid* relativas ao estabelecimento de uma "universidade de cor" para os "sul-africanos de cor". Em meados dos anos 80, contudo, a faculdade viu-se a caminho de uma transformação rápida e dramática. A declaração de sua missão, em 1987, aprovada pela Universidade, dava à Faculdade o compromisso:

> De buscar um novo conceito para a função inicial de treinamento da faculdade como algo que requer que os alunos tornem-se praticantes confiantes e competentes com um entendimento crítico da educação e da economia política do processo escolar. De uma política de recrutamento, emprego e desenvolvimento de funcionários a fim de reunir um grupo de funcionários livre dos grilhões das ideologias políticas e educacionais conservadoras, sofisticado em análise acadêmica crítica e representativo de uma parcela mais abrangente da comunidade sul-africana, até o ponto em que pudesse ver a si mesma – e ser vista pelos outros – como um instituição verdadeiramente sul-africana (VAN DEN BERG, 1988, p. 25).

O DESENVOLVIMENTO DA PESQUISA-AÇÃO NA UWC

Durante esse tempo, vários programas de ensino e de pesquisa foram introduzidos na faculdade (e na universidade como um todo) para expressão ao compromisso da UWC de construir a democracia no país. Este capítulo focaliza somente um desses programas, a saber, o programa de mestrado em pesquisa-ação, introduzido em 1987. Além disso, o capítulo destaca uma série de outras iniciativas de pesquisa-ação que também se iniciaram na UWC naquela mesma época. Embora essas iniciativas não fossem sempre parte de um programa central de ensino, elas exerceram uma forte influência nos discursos intelectuais da época.

O programa de mestrado em pesquisa-ação teve diversos propósitos, a saber:

- Aumentar o número de intelectuais negros altamente qualificados.
- Produzir um número crescente de praticantes dotados de reflexão os quais poderiam servir de "massa crítica" para promover outras mudanças nas escolas da região.
- Afirmar e desenvolver uma "voz do professor" oposta às preocupações frequentemente áridas dos acadêmicos.
- Incentivar, coletiva e politicamente, o trabalho responsável na educação.
- Desafiar os paradigmas de pesquisa, frequentemente positivistas, então dominantes dentro da Universidade; e
- Incentivar o trabalho de pesquisa e de desenvolvimento que seria relevante para as preocupações cotidianas de profissionais "comuns" nas salas de aula (VAN DEN BERG e MEERKOTTER, 1996, p. 95-96).

O programa foi bastante influenciado, no início, pelos escritos de radicais educadores norte-americanos, ingleses, europeus e australianos, todos os quais estavam trabalhando dentro de um paradigma emancipatório. Trabalhos de Habermas, Grundy, Kemmis, Elliott, Coenen, Eisner e Fullan, dentre muitos outros, foram incluídos e continuamente avaliados e criticados à luz de acontecimentos políticos e educacionais na África do Sul. Os escritos de alguns desses autores complementaram o pensamento que também predominava nos movimentos de resistência política e educacional na África do Sul.

Desde o início, e contrariamente ao *background* de ideias de intelectuais radicais de esquerda, de alunos, de políticos e de educadores, havia um entendimento de que se estava engajado em uma forma emancipadora de ação estratégica para mudar a natureza opressiva do tipo de prática de sala de aula tão evidente nas escolas dos que não tinham direito ao voto na África do Sul. A literatura utilizada no programa de mestrado alinhava-se bem com aquilo que os outros professores e os alunos estavam lendo e pensando acerca da luta política pela emancipação na África do Sul. Foi declarado explícita e publicamente desde o início, que o propósito da pesquisa do qual os profissionais da educação fariam parte aspirava à democratização de suas próprias práticas educativas, na esperança de que tais esforços pudessem, ainda, contribuir para mudanças na sociedade em geral (ver MEERKOTTER, 1993, p. 18).

Em 1989 o explícito propósito político do programa de mestrado incrementou-se com a inclusão de um foco na "pedagogia radical" a qual, junto à ênfase na pesquisa-ação, no professor como figura central na realização de mudanças na sala de aula e, com esperanças de que ele fosse além disso, acentuou o papel do professor como um "intelectual transformador" (GIROUX, 1988). O programa enfatizou a visão de que não é o "especialista" de "fora" que iria, ou poderia, transformar as práticas autoritárias nas escolas, mas, sim, o professor no exercício de sua profissão na sala de aula.

O conceito do "intelectual transformador" aponta para uma visão do professor como sendo mais que um técnico que simplesmente concretiza instruções daqueles que controlam a educação. O professor que age e reflete sobre sua prática enquanto intelectual transformador também participa do *pensamento* e da *decisão* concernentes ao *por quê* e ao em *benefício de quem* as práticas escolares e de sala de aula deveriam ser organizadas (MEERKOTTER, 1993, p. 18). Em congruência com esse pensamento, muitos dos alunos do programa consideraram particularmente inspiradoras estas palavras de Paulo Freire:

> Quando um professor ou uma professora descobre que também é um político, ele ou ela tem que perguntar "que tipo de política estou fazendo na sala de aula? Isto é, a favor de quem estou sendo um professor ou uma professora? ...Como ser consistente em minha prática dada minha escolha política? Não posso proclamar meu sonho libertário e, no dia seguinte, ser autoritário em minha relação com meus alunos. (FREIRE e SHOR, 1987, p. 46)

À parte da natureza dos problemas mencionados durante a fase de aulas para obtenção de créditos, o caráter transformador do programa pôs-se na linha de frente, especificamente nos trabalhos de minitese, nos quais as motivações políticas relativas ao por quê os alunos queriam mudar o *quê*, bem como de *que modo* queriam mudar as coisas, tiveram que ser declaradas e explicadas de maneira explícita – em adição a razões educacionais, sociológicas e psicológicas, que eles pudessem ter para engajar-se na ação em prol de mudanças, de maneira emancipatória, um ensino específico e uma situação de aprendizado. As seguintes referências a alguns dos estudos podem nos auxiliar na demonstração desse ponto de modo mais concreto.

A primeira tese de pesquisa-ação produzida na UWC foi escrita por um dos autores deste capítulo. Nessa tese, o conceito geral de pesquisa-ação, assim como a ação específica da pesquisa, foi explicitamente ligado ao desenvolvimento da Educação do Povo naquele momento:

> A hora e o lugar desta pesquisa-ação demandam atenção. As lutas na educação da África do Sul durante os anos oitenta, e o contexto específico da Universidade do Cabo nessa época, fornecem o pano de fundo para a pesquisa e informam suas intenções (ROBINSON, 1989, p. 11).

O contexto da pesquisa é descrito como se segue:

> Hoje, conflitos não-resolvidos continuam a causar tensão nas escolas, conforme testemunhamos a ocupação das escolas pela Força de Defesa Sul-Africana e pela polícia, a suspensão de livros, a restrição de organizações estudantis e de professores, a detenção de alunos, a negligência das autoridades frente às terríveis condições físicas das escolas para negros e a renovação do Estado de Emergência (ROBINSON, 1989, p. 11)

O foco da ação do estudo de Robinson foi quanto aos princípios centrais da Educação do Povo, a saber: o desenvolvimento de práticas educacionais que incentivassem o trabalho cooperativo, a participação ativa e o pensamento crítico. Isso foi feito por meio da implementação de formas de ensino e aprendizagem interativas com alunos da Universidade. Foram feitas tentativas de envolver alunos enquanto participantes ativos de sua própria aprendizagem e para reduzir a dependência do conhecimento e das atividades do professor. Mesmo que tal abordagem à educação possa, nos dias de hoje, não parecer revolucionária, ela teve um significado especial em um sistema educacional caracterizado, na época, pelo controle, pela completa ausência de apoio à reflexão e inovação nas escolas e pela passividade e alienação por parte de muitos dos professores e alunos.

O contexto histórico da época deu à ação de pesquisa um sabor fortemente político:

> Eu tinha esperanças de que, ao explorar métodos de ensino interativos com professores-alunos, poderíamos pesquisar e desenvolver formas de trabalho cooperativo, participação ativa e pensamento crítico, essenciais à Educação do Povo. Em segundo lugar, eu tinha esperanças de que a experiência de ensino e aprendizagem interativos seria, para todos nós, uma experiência de democracia, assim fornecendo uma alternativa visível aos modos autoritários de interação em sala de aula.
> (ROBINSON, 1987, p. 22)

Manie (1993), também aluno da pesquisa-ação do mestrado, explicou como uma iniciativa de pesquisa-ação ganhou importância dentro do contexto de um sistema de educação nacional em crise. Depois de ter, primeiramente, levantado dúvidas acerca da possibilidade de realizar mudanças no nível macro por intermédio de esforços de pequena escala na sala de aula, ele argumentou que a pesquisa-ação emancipatória pode de fato mudar a retórica política rumo à prática da democracia no nível micro. Ele continuou relacionando resistência educacional e a necessidade de transportar de volta a luta por uma educação democrática da rua para as escolas. Esse ponto de vista também formou parte da campanha extraparlamentar do Comitê Coordenador de Educação Nacional (NECC), a qual almejava a reintrodução da Educação do Povo nas escolas durante 1992.

Em sua minitese, intitulada *Ação emancipatória em uma sala de aula do ensino fundamental*, Esau (1995) tratou da cultura do silêncio que prevaleceu dentre muitos professores e alunos em tantas escolas sul-africanas. Parte de seu primeiro capítulo foi dedicada à importância de se utilizarem os insights dos alunos como fonte da pesquisa-ação. A estreita relação com a prática real da sala de aula revelou até que ponto Esau compreendeu a natureza emancipatória da pesquisa-ação e a importância da intervenção de professores nas escolas. O estilo acessível das miniteses foi tal que elas já têm inspirado diversos outros profissionais da sala de aula a se engajarem em esforços semelhantes para melhorar suas práticas e para permitir que suas vozes sejam ouvidas.

Um dos temas centrais focalizados por Pym (1999), em sua tese de doutorado sobre a inovação educacional com base na escola, na África do Sul, foram os entendimentos divergentes de poder e democracia que precisavam ser tratados quando da introdução de inovações em situações educacionais. Uma importante conclusão foi que o uso sistemático, ainda que flexível, de ciclos de pesquisa-ação, mais que uma abordagem rígida de pesquisa, pode fornecer um arcabouço no qual cria possibilidades para mudanças e, ao mesmo tempo, aprofunda o foco de projetos de inovações liberais.

Embora a maioria das teses de mestrado, e posteriormente de doutorado, tratasse do desenvolvimento e das melhorias das escolas, houve também alguns estudos interessantes acerca de assuntos políticos e educacionais em outras arenas do ensino e aprendizagem.

Em *Educação emancipatória no local de trabalho*, Crawford (1995) escreveu sobre um projeto de pesquisa-ação com, mais uma vez, um intuito emancipatório explícito. As relações de poder entre uma interessante combinação dos conjuntos patrões/trabalhadores, trabalhadores/ sindicatos e patrões/sindicatos foram desafiadas com o propósito de redistribuir o poder de duas maneiras. A primeira era que seria possibilitado tanto aos patrões quanto aos empregados agir com responsabilidade entre si enquanto seres humanos. A segunda era transformar (e proteger!) seu local de trabalho enquanto loco econômico que tem que lhes fornecer os meios necessários (inclusive meios monetários) para se tomarem decisões de peso acerca de suas próprias vidas e seus próprios futuros. Um dos momentos mais fascinantes no trabalho de Crawford reflete-se nas linhas seguintes:

> [...] houve épocas em que percebi que os sindicatos estavam reconduzindo os patrões como tomadores autocráticos de decisões unilaterais, porque os líderes do sindicato não estavam se comunicando nem se envolvendo com os empregados em suas ações (1995, p. 285).

Patrões, trabalhadores e a própria pesquisadora tornaram-se aprendizes naquela situação que levou os patrões a serem mais inclusivos em seu trabalho na condição de pessoas de negócios, logo permitindo maior participação dos trabalhadores nos processos de gerenciamento.

Crawford explicou como a retórica democrática e as agendas políticas mal colocadas poderiam prejudicar o que poderia ser de interesse para os trabalhadores. Ela também observou o quanto demandas desprovidas de razão, as quais foram feitas em nome dos trabalhadores, frequentemente levaram a cortes de gastos desnecessários e, às vezes, até mesmo ao colapso econômico do local em que as pessoas trabalhavam e moravam.

Hamana, um antigo integrante de um quadro permanente de militares de uma das forças armadas do movimento de libertação, na época em que sua minitese (2000) estava sendo escrita, um major da então recém-formada Força de Defesa Nacional Sul-Africana (SANDF), fez uso extensivo de processos de pesquisa-ação em suas tentativas de integrar as antigas forças militares do regime de apartheid e as forças do antigo movimento de libertação nos serviços de saúde da SANDF.

O trabalho de Hamana foi profundamente enraizado nos princípios éticos da Comissão de Verdade e Reconciliação que foi estabelecida para tratar de tensões raciais na África do Sul após o *apartheid* e da verdade acerca de crimes acontecidos durante aquele período. Em seu primeiro capítulo, ele explicou o que estava tentando alcançar como uma abordagem de pesquisa-ação à reconciliação relativa aos militares, bem como o motivo pelo qual ele considerava uma abordagem de pesquisa-ação apropriada a sua intervenção. Em sua conclusão, Hamana engajou-se a fundo nos conceitos de assimilação e integração cultural, amalgamação cultural e pluralismo cultural. Toda essa discussão foi parte de uma investigação sobre como a SANDF poderia ajudar a construir paz e estabilidade sustentáveis na África do Sul, no continente africano e no resto do mundo.

Os objetivos da Educação do Povo não eram visíveis apenas no programa de pesquisa-ação do mestrado, mas também em dois projetos educacionais relacionados a ele que foram estabelecidos, na época, na Faculdade.

O primeiro, o Projeto de Pesquisa-Ação do Professor, foi estabelecido para auxiliar professores que estavam repesquisando sua própria prática. Professores que desejavam utilizar a pesquisa-ação em suas salas de aula foram convidados para se valerem como membros desse projeto a fim de facilitar e triangular sua pesquisa. O segundo, o Projeto de Desenvolvimento de Materiais, funcionou por meio de professores que escreviam e disseminavam materiais inovadores para serem utilizados em sala de aula. Esses materiais refletiam os esforços, por parte dos professores, de intervir nos livros-texto e planos de estudo recomendados na época, considerados por eles como isentos de desafio e de significado para os aprendizes. As intenções desse projeto podem ser assim visualizadas:

> [Nesse projeto] tentamos beber da energia daqueles professores que estão buscando transformar as práticas autoritárias do currículo. O que temos esperança de fazer é dar expressão à "língua da possibilidade" por intermédio da publicação e da distribuição de recursos que ilustram formas de resistência no nível da sala de aula (ROBINSON e MENTOR, 1991, p. 219)

Um número significante de participantes do programa de mestrado, bem como os coordenadores desses dois projetos aqui descritos, mantiveram uma forte relação com o Comitê Coordenador de Educação Nacional (NECC), mesmo depois de suas atividades terem sido severamente restringidas pelo governo. Um exemplo dessa relação foi a conferência denominada "A Educação do Povo pelo Poder do Povo", organizada pela Faculdade de Educação em conjunto com o Comitê Coordenador de Educação Nacional (NECC) em 1987 e à qual compareceram cerca de 300 pessoas. O propósito da conferência foi fornecer um local onde os professores pudessem reunir-se para trabalhar coletivamente o significado de Educação do Povo tanto na teoria quanto na prática (1987, p. 1). Um painel de palestrantes, que consistia de um aluno de escola, um professor-estudante, um pai ou uma mãe, um professor e um membro do centro de recursos, ofereceu perspectivas acerca da Educação do Povo. Discursos foram feitos também pelo Comitê Coordenador de Educação Nacional (NECC) e por um sindicato. Realizaram-se oficinas para se observar como a Educação do Povo poderia ser implementada em disciplinas escolares como História, Inglês e Matemática, e na educação primária e pré-primária. As oficinas também observaram a educação popular na América Latina e a função da consciência dos programas nas escolas.

Em 1993, os coordenadores do Projeto de Pesquisa-Ação do Professor e do Projeto de Desenvolvimento de Materiais reuniram-se para formar um projeto maior, chamado Projeto Professor em Serviço (TIP). Esse projeto foi estabelecido enquanto organização não governamental trabalhando a partir da UWC e, frequentemente, em cooperação com o programa de pesquisa-ação do mestrado. A motivação para se colocar os dois projetos juntos foi a percepção de que o desenvolvimento de materiais e o desenvolvimento de professores não seriam sustentáveis se eles não fossem colocados dentro de uma abordagem mais coerente do desenvolvimento da escola em geral. Assim, o objetivo do TIP passou a ser construir escolas enquanto organizações de aprendizagem, utilizando-se estratégias baseadas na pesquisa-ação, e no desenvolvimento organizacional. Desde seu início, o TIP tem conseguido levar as ideias que são centrais na educação emancipatória para muito além dos limites dos programas de educação formal como o mestrado em pesquisa-ação. Um número significante de professores e líderes educacionais tem se envolvido nesse trabalho, e o *ethos* da pesquisa-ação crítica e da prática reflexiva está gradativamente se tornando conhecido por muitas iniciativas sistêmicas que acontecem hoje na África do Sul pós-*apartheid*.

Conforme a "onda" de pesquisa-ação crescia, também outras atividades foram iniciadas. Em 1993, a Faculdade de Educação organizou um seminário pequeno, mas histórico, sob o nome de "Educação emancipatória e pesquisa-ação". O seminário forneceu a oportunidade para que os alunos do programa de pesquisa-ação do mestrado, bem como acadêmicos e professores, pensassem criticamente sobre as implicações da pesquisa-ação emancipatória em relação aos professores, alunos e à comunidade como um todo (DAVIDOFF, JULIE, MEERKTOTTER e ROBINSON, 1993, p. ii).

Ao invés de um número de trabalhos mais teóricos, algumas comunicações apresentadas incluíam uma consideração das práticas emancipatórias em educação artística (KRIEL, 1993); pesquisa-ação socialmente crítica na formação inicial de professores (SAVAHL, 1993); e pesquisa-ação e prática de sala de aula (VAN LOUW, 1993).

Até então, conforme mencionado anteriormente, os investigadores da pesquisa-ação na África do Sul baseavam-se largamente na literatura do hemisfério norte no que diz respeito aos *insights* teóricos. De modo significativo, esse seminário criou a oportunidade para que aqueles que estavam trabalhando com pesquisa-ação na África do Sul começassem a contribuir com os debates teóricos acerca do significado contextual da pesquisa-ação emancipatória. Conforme argumentou uma colaboradora:

> O trem da alegria da emancipação, ao oferecer uma viagem desafiadora e excitante, não começou, temo dizer, a abordar o assunto do quanto é difícil tornar-se um pesquisador emancipador "real" na África do Sul. Enquanto facilitador de pesquisa-ação, tenho encontrado esses problemas inúmeras vezes, e eles têm levantado para mim questionamentos muito sérios. Vamos observar quais são as demandas da pesquisa-ação emancipatória, e vamos então para elas em nosso próprio contexto. (DAVIDOFF, 1993, p. 76)

Davidoff continuou discutindo as dificuldades e as tensões associadas ao trabalho nas escolas com noções emancipatórias de colaboração, democracia, participação ativa e consciência prática. Ela concluiu com esse importante ponto:

> Eu gostaria de sugerir que, dada nossa situação específica na África do Sul, é crucial que comecemos onde os professores estão, e onde eles estão não é necessariamente onde se localiza a tradição de prática inovadora e reflexiva. Para aqueles, dentre nós, que trabalham como facilitadores ou educadores de professores, ou como professores interessados em pesquisa-ação, este pode ser o único meio de se começar, mais que uma preconcepção daquilo que constitui a verdadeira pesquisa emancipatória (DAVIDOFF, 1993, p. 80)

Uma opinião semelhante foi colocada na conferência por outra facilitadora que havia trabalhado junto a professores para tentar desenvolver estratégias para o multilinguismo em sua escola. Tendo explicado as dificuldades de se tentar estabelecer tal iniciativa, ela advertiu:

> Vale lembrar que a pesquisa-ação emancipatória, se é para ser verdadeira consigo mesma, não pode operar em um vazio social. Ela opera em situações reais com pessoas reais e suas resistências reais, além de programas que se movem para longe demais ou depressa demais em relação aos interesses percebidos pelo próprio professor apresentam poucas chances de envolver o professor ou de serem implementados. Um pequeno passo para um professor pode de fato ser um grande salto para a prática emancipadora emancipatória, dependendo de como esse pequeno passo é controlado, apoiado e compartilhado... A esse respeito, então, os limites entre as categorias de Grundy quanto a pesquisas-ação técnicas, práticas e emancipatórias tornam-se embaralhadas, pois o que pode parecer uma intervenção técnica para alguns pode ser emancipatória em outros grupos. (ROBINSON, 1993, p. 71)

As várias iniciativas descritas aqui se baseiam largamente na agenda política do movimento Educação do Povo. Contudo, provavelmente seria verdade dizer que essas iniciativas, focalizando, como fizeram, o papel dos professores enquanto agentes de mudança na sala de aula, também fizeram uma contribuição significativa para o pensamento dentro do Projeto de Educação do Povo do Comitê Coordenador de Educação Nacional (NECC).

A ERA PÓS-*APARTHEID*: NOVOS DESAFIOS PARA PESQUISA-AÇÃO E EDUCAÇÃO EMANCIPATÓRIA

Poder-se-ia imaginar ter sido mais fácil estabelecer práticas de pesquisa-ação emancipatórias nas escolas, uma vez que a África do Sul tornou-se um estado democrático. Por um lado, certamente isso tem dado provas de que procede. Extensivos esforços nacionais estão sendo feitos para melhorar o funcionamento de escolas que apresentam as consequências de anos de negligência durante a era do *apartheid*. Uma série de novas medidas baseia-se no princípio de que professores e escolas tornam-se proprietários de seu próprio desenvolvimento. Programas inseridos no trabalho dos professores estão recebendo muita atenção enquanto aqueles responsáveis pela avaliação observam meios de melhorar a qualidade de ensino e aprendizado no país. Por outro lado, entretanto, a via para a pesquisa-ação emancipatória ainda permanece permeada de contradições, ainda que estas não sejam tão claras como durante a era do *apartheid*. Nessa parte do texto, destacaremos dois desses dilemas, a saber: a ascendência de uma abordagem baseada na competência no currículo escolar e a relação entre pesquisa-ação e os enormes problemas sociais que permanecem no país.

A primeira dessas tensões surgiu ao redor da linguagem baseada na competência do novo currículo que está sendo desenvolvido para as escolas. O novo currículo baseia-se na noção de "resultados", tanto genéricos quanto específicos. Os "resultados críticos" genéricos incluem a habilidade de identificar e resolver problemas por meio do uso de pensamento criativo e crítico, a fim de mostrar consciência em relação à importância de estratégias de aprendizagem efetivas, de demonstrar cidadania responsável, sensibilidade cultural, oportunidades educacionais e de carreira e habilidades empresariais (Departamento de Educação, 1997a, p. 16). Além desses resultados genéricos, espera-se que os aprendizes demonstrem conhecimento, habilidades e valores pertinentes a um nível específico de escolarização ou de área de conteúdo.

Para alguns, no entanto, há uma contradição entre a linguagem transformadora do novo currículo e a abordagem baseada na competência sobre a qual ele é fundado. Tem sido argumentado, por exemplo, que:

> No [novo currículo] tem-se a retórica da iniciativa educacional e transformadora baseada em resultados, mas a realidade de uma abordagem referenciada por critérios instrumentalistas e comportamentais (ver MEERKOTTER, 1998, p. 62-3)

Tem-se expressado preocupação acerca da ligação mecanicista entre educação e crescimento econômico no novo modo de se pensar o currículo. Na raiz dessa ligação, encontra-se a ideia da teoria do capital humano e o modo pelo qual indivíduos e governo poderiam fazer melhor uso da educação para promover o crescimento econômico. Isto é, na opinião de Meerkotter (1998), também a razão para uma abordagem bastante conservadora da educação baseada em resultados e o foco em habilidades que poderiam servir para otimizar crescimento econômico (confronte-se Departamento de Educação, 1997b, p. 22).

Kraak (1999), de maneira interessante, demonstrou que o funcionamento e a credibilidade de uma abordagem baseada em resultados relativa à educação na era pós-*apartheid* têm sido em grande parte devido a sua assimilação da retórica popular da Educação do Povo. Essa ascendência populista é irônica, argumenta ele, porque a educação e o treinamento baseados em resultados são vistos por muitos intelectuais como estritamente tecnicistas e comportamentalistas. Como ele coloca:

> Não é coincidência que a falência do discurso de "Educação do Povo" e sua substituição por um projeto "sistêmico" menos radical e mais reformista que ocorreram simultaneamente como a mudança do clima político de um período de luta revolucionária nos anos 80 para um período de negociação e compromisso político dos anos 90. Continuidades existem de fato entre esses dois discursos, especialmente em suas demandas comuns por um sistema único nacional e não-racista de ET [educação e treinamento], e a diluição das divisões históricas profundas entre trabalho mental e braçal, e entre educação e treinamento. Contudo, suas diferenças são evidentes. A Educação do Povo teve o acréscimo de uma retórica revolucionária e populista, enquanto a nova reforma "sistêmica" lógica da ANC e o Congresso dos Sindicatos Sul-Africanos (Cosatu) preocupam-se com as implicações de uma economia globalizante em ritmo acelerado no que

diz respeito ao funcionamento do sistema de ET, particularmente em termos de novas habilidades e novas demandas educacionais. Como tal, um discurso sistêmico representa uma política mais consensual de reforma e reconstrução do que aquela apresentada pela Educação do Povo. (1999, p. 24)

A despeito de alguns dos recentes debates acerca da educação emancipatória mencionadas anteriormente, as iniciativas da UWC em pesquisa-ação podem declarar ter alcançado considerável sucesso quando contrastadas a seus próprios objetivos. Em primeiro lugar, elas realmente tornaram muitos professores nas escolas conscientes do conflito entre ideais democráticos para a sociedade e suas próprias, e frequentemente autoritárias, práticas, e as possibilidades de pesquisa-ação emancipatória para melhorias na escola e iniciativas de desenvolvimento de toda a escola. Em segundo lugar, os projetos de pesquisa-ação emancipatória na UWC indubitavelmente contribuiriam para a popularização dos princípios da pesquisa-ação, até mesmo levando, em algumas instâncias, à adoção de abordagens de pesquisa-ação para reformar a educação por meio de departamentos de educação das províncias. Em terceiro lugar, no final de 2001, mais de 70 mestrandos e doutorandos de pesquisa-ação haviam completado seus estudos com sucesso. Muitos desses antigos estudantes agora têm posições mais destacadas nos setores público e privado em uma África do Sul democrática e constituem, portanto, uma posição chave para o avanço dos princípios de pesquisa-ação em um nível político e sistêmico.

Ao mesmo tempo em que se elogiam as iniciativas de pesquisa-ação na UWC, é preciso reconhecer que muito da grande energia positiva que foi gerada dentre os anteriormente sul-africanos sem direito a voto e seus filhos politicamente conscientes tornou-se, desde então, parte da história. As esperanças e as aspirações concernentes a todas as boas coisas que a liberdade política e a libertação da cadeia de respeitados políticos do movimento libertário trariam abriram caminho para a percepção de que a "nova" África do Sul não tem sido facilmente capaz de separar-se da "velha". Além disso, tem existido uma percepção dura, e frequentemente dolorosa, de que os problemas socioeconômicos em nossa sociedade são tais que as escolas não podem de fato desempenhar mais que um papel mínimo com respeito à mudança social e à melhoria da qualidade de vida para a maioria que é desesperadamente pobre. Trata-se esse do caso específico se intervenções educacionais não forem integradas de maneira proposital a outras intervenções sociais e econômicas de larga escala.

As escolas são uma instituição importante para reconstruir nossa nação, mas elas com certeza não serão bem sucedidas se o ambiente socioeconômico no qual os professores ensinam e os alunos têm que aprender não for propício àquelas coisas que devem acontecer na escola para que ela seja significativa e relevante. Há certas necessidades que nossas sociedades pobres têm e que devem ser tratadas se for para projetos educacionais em nossas escolas darem frutos. Para que muitos pais se tornem envolvidos na aprendizagem escolar de seus filhos, conforme deveriam, eles precisam que seu respeito próprio seja restaurado após décadas de opressão política e socioeconômica. Eles precisam trabalhar, precisam de moradias adequadas para seus descendentes e precisam desesperadamente de comida na mesa diariamente para sua família. Eles também precisam saber como lidar como doenças tais com a tuberculose e o HIV/Aids. Para que isso aconteça, é necessária a direta intervenção do estado.

A característica mais idiossincrática das iniciativas de pesquisa-ação emancipatória no contexto sul-africano tem sido seu claro compromisso para ligar o político e o educacional em um esforço conjunto para estimular a transformação educacional e social. Esse foi o caso antes de 1994 e assim tem permanecido. Entretanto, é importante reconhecer que foi, em certo sentido, bem mais fácil mobilizar professores e outros setores da nossa sociedade para que se engajassem em atividades organizadas na sociedade civil anterior a 1994, quando os efeitos malignos da dominação da minoria branca e a opressão imoral da maioria negra estavam lá para serem vistas e sentidas diariamente. Para novamente mobilizar e organizar a sociedade civil – inclusive professores e alunos – para que ajam de modo eficiente e efetivo na luta contra o HIV/Aids, contra o desemprego e a pobreza, parece mais difícil, a despeito da importância da existência de pessoas engajadas em uma luta contra os flagelos que ameaçam no tecido socioeconômico de nossa sociedade.

Em um país como a África do Sul continua ser tarefa do educador emancipador engajado na pesquisa-ação trabalhar rumo a práticas que buscam eliminar a marginalização de indivíduos e das classes empobrecidas. Isso implicaria que medidas econômicas que não melhoram a qualidade de vida do pobre deveriam continuar, especialmente na era da democracia, sendo questionadas em sala de aula.

Em uma abordagem radical do ensino, as principais questões para o professor progressista continuam: Como estou contribuindo para a diminuição da possibilidade humana nessa situação? E como eu poderia mudar minha prática de tal maneira que ela permitisse ao aluno tornar-se o que ele deveria tornar-se enquanto ser humano? Em um programa de pesquisa-ação como esse do mestrado da Universidade do Cabo, sempre será necessário perguntar se o currículo, qualquer que seja sua retórica, está de fato voltado para os interesse das pessoas marginalizadas da África do Sul.

Os professores terão que continuar a fazer perguntas acerca de quem são os verdadeiros beneficiados da escolarização. Mas, mais que isso, eles terão que redefinir e melhorar suas práticas de tal maneira que possibilitarão seus alunos a fazer perguntas semelhantes e a agirem adequadamente quando as decisões do governo forem de encontro ao espírito de libertação, pelo qual muitos dos pais desses alunos fizeram tantos sacrifícios.

Conclusão

Este capítulo observou os temas da dominação, da opressão e da luta por liberdade, do papel de professores no que diz respeito à emancipação de seus alunos enquanto seres humanos, e dos dilemas e desafios, os quais o educador emancipador encara, mesmo na África do Sul de hoje.

Concluímos por nossa sincera e completa congruência com estes sentimentos, expressados pelos colegas da UWC:

> Quaisquer que sejam as dificuldades relativas à abordagem de pesquisa-ação crítica, é necessário manter viva uma visão emancipadora. A luta para desenvolver uma sociedade democrática e sem discriminação na África do Sul continua. Envolver os professores na pesquisa poderia ter o potencial de mudar em direção a uma cultura na qual os professores sejam capazes de achar sua própria voz e de engajar de modo reflexivo e crítico com suas próprias realidades. (PYM e LAZARUS, 2001, p. 68)

Mesmo dentro de uma África do Sul pós-*apartheid*, onde a ênfase é na mudança educacional em nível sistêmico, acreditamos que a pesquisa-ação pode formar uma relevante base para o desenvolvimento do professor. É crucial que os professores avaliem as novas medidas, as quais se pede que eles implementem, que se engajem a elas, pois, a não ser que os professores entendam essas novas medidas, e comprometam-se com elas, elas provavelmente falharão. A pesquisa-ação incentiva um senso de envolvimento e de posse, algo crucial para o desenvolvimento de um sistema educacional transformado. A pesquisa-ação emancipatória dá um passo a mais, contudo, ao incentivar uma revisão crítica das mudanças no sistema educacional ligada a uma visão de justiça social. A revisão crítica e a construção de uma visão progressista permanecem, acreditamos, como responsabilidade de todos aqueles envolvidos na educação, e é por essa razão que mantemos o compromisso com os princípios da pesquisa-ação emancipatória em nosso país.

Referências

CHRISTIE, P. *The Right to Learn*. Johannesburg: SACHED/Ravan Press, 1985.

CRAWFORD, G. *Emancipatory Education in the Workplace*. Tese, University of the Western Cape, 1995. (mimeogr.).

DAVIDOFF, S.; JULIE, C.; MEERKOTTER, D. & ROBINSON, M. (Eds). *Emancipatory Education and Action Research*. Pretoria: Human Sciences Research Council, 1993.

DAVIDOFF, S. Emancipatory Action Research in South Africa: Fanning the Fires of Theory and Practice. In: DAVIDOFF, S.; Julie, C.; MEERKOTTER, D. e ROBINSON, M. (orgs.). *Emancipatory Education and Action Research*. Pretoria: Human Sciences Research Council, 1993.

Department of Education. *Curriculum 2005: Lifelong Learning for the 21st Century*. Pretoria: Absolutely Media Marketing, 1997a.

Department of Education. *Outcomes-based Education in South Africa: Background Information for Educators*. Documento para discussão. Pretoria: Government Printer, 1997b.

ESAU, O. *Emancipatory Action and Reflection in a Primary School Classroom*. Monografia, University of the Western Cape, 1995. (mimeogr.).

FREIRE, P. e SHOR, I. *A Pedagogy for Liberation: Dialogues on Transforming Education*. London: MacMillan, 1987.

GERWEL, G. *Inaugural Address*. University of the Western Cape, 1987.

GIROUX, H. *Teachers as Intellectuals*. Massachussetts: Bergin and Garvey, 1988.

HAMANA, K. *An Educational Perspective on Marginalisation and Discrimination in the Integration Process of the Health Services of the South African National Defence Force (SANDF)*. Monografia, University of the Western Cape, 2000. (mimeogr.).

KRAAK, A. Competing Education and Training Policy Discourses: A 'Systemic' versus 'Unit Standards' Framework. In: JANSEN, J. & CHRISTIE, P. (orgs.). *Changing Curriculum: Studies on Outcomes-based Education in South Africa*. Cape Town: Juta & Co., 1999.

KRIEL, S. Advancing Emancipatory Practices in Art Education. In: DAVIDOFF, S.; JULIE, C.; MEERKOTTER, D. e ROBINSON, M. (orgs.). *Emancipatory Education and Action Research*. Pretoria: Human Sciences Research Council, 1993.

MANIE, A. *Exploring Transformative Possibilities in the Use of Computers in Education*. Monografia, University of the Western Cape, 1993. (mimeogr.).

MEERKOTTER, D. The NECC, People's Education and Emancipatory Action Research at the University of the Western Cape. In: DAVIDOFF, S.; JULIE, C.; MEERKOTTER, D. e ROBINSON, M. (orgs.). *Emancipatory Education and Action Research*. Pretoria: Human Sciences Research Council, 1993.

MEERKOTTER, D. The State of Schooling in South Africa and the Introduction of Curriculum 2005. In: MORROW, W. e KING, K. (orgs.). *Vision and Reality: Changing Education and Training in South Africa*. Cape Town: University of Cape Town Press, 1998.

NECC e UWC. *People's Education for Teachers: Proceedings of a Conference held at the University of the Western Cape, October 1987*. (2nd edition). Materials Development Project, Faculty of Education, University of the Western Cape, 1990.

PYM, J. *Initiating a School Based Teacher Appraisal Process: A Study in Educational Innovation in South Africa*. Tese, University of the Western Cape, 1999. (mimeogr.).

PYM, J. & LAZARUS, S. Critical Action Research: Myth or Possibility? A Study in Educational Innovation in South Africa. In: Meerkotter, D.; FATAAR, A.; FUGLESTAD, O.L.; LILLEJORD, S. (orgs.). *Learning From Each Other: School Development and Social Transformation in South Africa*. Cape Town: Wyvern, 2001.

ROBINSON, M. Interactive *Teaching and Learning in Teacher Education: an Action Research Study*. Tese, University of the Western Cape, 1989. (mimeogr.).

ROBINSON, M. Action Research and the Challenge of Change. In: DAVIDOFF, S.; JULIE, C.; MEERKOTTER, D. & ROBINSON, M. (orgs.). *Emancipatory Education and Action Research*. Pretoria: Human Sciences Research Council, 1993.

ROBINSON, M. e MENTOR, S. Empowering Teachers Through Materials Development. In: PRINSLOO, J. e CRITICOS, C. (orgs.). *Media Matters in South Africa*. Durban: University of Natal, 1991.

SAMUELS, J. An Appropriate Extension Work Policy for the Centre for Adult and Continuing Education (CACE). Tese, University of the Western Cape, 1992. (mimeogr.).

SAVAHL, C. What Kind of Knowing is Socially Critical Action Research? In: DAVIDOFF, S.; JULIE, C.; MEERKOTTER, D. e ROBINSON, M. (orgs.). *Emancipatory Education and Action Research*. Pretoria: Human Sciences Research Council, 1993.

SAUNDERS, C. (org.). *Reader's Digest Illustrated History of South Africa*. Cape Town: Reader's Digest Association of South Africa, 1988.

South African Institute of Race Relations. *Race Relations Survey*. Braamfontein: SAIRR, 1985.

VAN DEN BERG, O. Educational Change: The Case of the UWC Education Faculty. Trabalho apresentado na Annual Conference of the South African Pedagogical Society, 1988.

VAN DEN BERG, O. e MEERKOTTER, D. Emancipatory Action Research in South Africa: From Critical Opposition to Critical Support. In: BOOG, B.; COENEN, H.; KEUNE, L. e LAMMERTS, R. (orgs.). *Theory and Practice of Action Research: With Special Reference to the Netherlands*. Tilburg: Tilburg University Press, 1996.

VAN LOUW, T. Aksienavorsing en die Verandering van Klaskamerpraktyk: 'n Gevallestudie. In: DAVIDOFF, S.; Julie, C.; MEERKOTTER, D. & ROBINSON, M. (Eds). *Emancipatory Education and Action Research*. Pretoria: Human Sciences Research Council, 1993.

Capítulo 5
Da formação do professor do *apartheid* para a formação do professor progressista: a experiência namibiana

John Nyambe

A Namíbia conquistou sua independência no dia 21 de março de 1990, após um longo período de dominação colonial, primeiro pela Alemanha (1884-1915), depois, pela África do Sul do regime *apartheid* (1915-1990). No rastro da luta armada implacável e insistente da guerrilha financiada por meio do Exército de Libertação do Povo da Namíbia (PLAN), o braço militar da Organização do Povo da África do Sudoeste (SWAPO), a África do Sul do *apartheid* teve que se curvar ao hasteamento vitorioso de uma nova bandeira enquanto os namibianos comemoravam sua independência política por tanto tempo negada sob um governo democraticamente eleito de maioria oriunda da SWAPO.

A despeito da chegada ao poder de um novo governo, a Namíbia herdou um sistema de formação docente altamente caracterizado por uma falta de perspectivas críticas moldada entre professores ao longo dos vários anos de subjugação colonial. A política de formação docente do *apartheid* não dava espaço para o questionamento crítico, já que objetivava propagar os valores da obediência e do respeito a um autoridade externa. Não apenas foram os professores relegados a posições de passividade, a despeito de várias incidências de resistência, mas também fizeram com que eles confiassem largamente nos ditames e nas iniciativas dos arquitetos da formação docente do *apartheid*.

A fim de proteger e perpetuar o interesse colonial do *apartheid*, os responsáveis por essa política ficaram de selecionar o conteúdo curricular para as escolas, enquanto os professores deveriam conceber como sua tarefa divina levar esse conteúdo aos aprendizes sem maiores dúvidas ou questionamentos críticos. Em decorrência disso, os professores passaram a acreditar que seu conhecimento era muito limitado e que eles tinham pouco ou nada com o que contribuir e sempre deveriam respeitar as autoridades externas quanto ao que deveria ser ensinado, quando deveria ser ensinado e como deveria ser ensinado. Callewart (1999, p. 224) resume essa situação de maneira clara:

> [...] aqueles que visitavam as escolas no norte da Namíbia pouco antes da independência pasmavam-se ao observar que nenhum professor que estivesse de serviço consideraria a possibilidade de que suas idéias acerca de como fazer as coisas na escola poderiam ter qualquer importância. As pessoas acreditavam que eles não sabiam como as coisas deveriam ser feitas. O coro nacional e internacional sobre professores sem qualificação correspondia às próprias convicções dos professores de que apenas especialistas têm idéias.

Autoconfiança, iniciativa e criatividade foram severamente prejudicadas quando os professores foram desencorajados de exercer seu próprio julgamento. Em vez disso, esperou-se que os professores se tornassem meros implementadores de ideias geradas pelas autoridades do *apartheid*. Com a independência essa situação não pôde ser tolerada. Imediatamente, a formação do professor para o ensino fundamental foi completamente restaurada, com um novo programa, o programa de Certificação para Professores de Ensino Fundamental (BETD), que substituiu os velhos programas coloniais.

Seguindo a premissa dos novos ideais de solidariedade, democracia, liberdade e justiça, e também o predomínio de uma nova cultura política de libertação nacional, o BETD foi introduzido como uma estratégia para libertar e democratizar a formação do professor antes de sua iniciação profissional. O componente de investigação profissional crítica do BETD tem sido o principal instrumento para facilitar a libertação e a democratização da formação de professores para a educação básica. Ao focalizar o componente do profissional crítico do BETD, este capítulo tem os seguintes objetivos:

Primeiro, este artigo demonstrará como um paradigma progressista do componente de investigação profissional crítica tem facilitado a reconceitualização do papel do docente a partir de uma visão que considerava professores como implementadores passivos de ideias a eles passadas "de cima para baixo" para a visão de professores como profissionais reflexivos que podem questionar sua própria prática para melhor entender os problemas que surgem da docência e melhor lidar com eles. Ilustraremos aqui este ponto por meio da utilização de dados coletados de uma amostra de estudantes em seu último ano de formação de professores do BETD na Faculdade de Educação de Ongwedia, no norte da Namíbia. Os dados serão filtrados por intermédio de um paradigma crítico/transformativo relativo à formação docente.

Em segundo lugar, este capítulo demonstrará como um paradigma progressista do componente de investigação profissional crítica tem se tornado um instrumento efetivo de fomento da concepção de professores enquanto autores e criadores de conhecimento nas reformas educacionais da Namíbia pós-*apartheid*. Referências serão feitas à ideia de se criar uma "base educacional de conhecimento escrito para a Namíbia e os namibianos".

Finalmente, este texto destacará alguns dos desafios que deveriam ser tratados para assegurar a implementação bem sucedida de um paradigma progressista de pesquisa para um professor que seja transformador.

Segue-se uma breve descrição do componente de investigação profissional crítica do programa de formação inicial de professores do BETD.

Investigação profissional crítica do programa de formação inicial de professores do BETD

A formação inicial de professores do BETD é um programa nacional de três anos que prepara professores para atuarem no ensino fundamental, isto é, com crianças entre as idades de um e dez anos. O programa combina *insight* profissional, conhecimento e habilidades. Ele oferece oportunidades de especialização por área de conhecimento conjugada a especialização dirigida à determinada série do ensino fundamental. O programa de formação inicial de professores do BETD é atualmente desenvolvido em quatro faculdades de educação, em diferentes regiões da Namíbia.

A investigação profissional crítica (também conhecida como investigação crítica ou pesquisa-ação) é um dos temas profissionais do programa de formação inicial de professores do BETD. Ele inicia-se como uma investigação no primeiro ano e assim continua no segundo até culminar em uma pesquisa-ação no terceiro ano.

No terceiro período do primeiro ano de estudos nesse programa, os alunos adentram em suas áreas de especialização ao explorar o tema da investigação crítica por meio de matérias específicas. A ênfase no primeiro ano é sobre o aprendizado de como planejar e realizar um projeto de pesquisa de pequena escala, bem como sobre a construção de conhecimento e do entendimento de um desenvolvimento holístico da criança. O projeto consiste da observação de um aprendiz ou grupo de aprendizes durante os chamados Estudos Baseados na Escola (SBS) ou da prática docente como se conhece tradicionalmente.

No segundo ano, os alunos coletam informações relativas ao seu próprio ensino e aprendizagem. Durante os SBS, e em colaboração como sua equipe de estudos, eles coletam dados e descrevem uma margem de possíveis ações para mudar a situação observada dentro desse contexto. Isto será apresentado nas avaliações seguintes sob a forma de um relatório.

No último ano, a investigação crítica culmina no projeto de pesquisa-ação. Durante os SBS do terceiro ano, os alunos investigarão, planejarão, implementarão e monitorarão as ações – refletindo acerca delas – que eles tomam para melhorar os processos de ensino e aprendizagem (o currículo lato do BETD, 1998, Guia para a investigação crítica, 1998).

Longe de tratá-lo como um conceito transplantado de algum outro lugar, o tipo de investigação profissional crítica que está atualmente acontecendo na formação de professores namibiana é uma transformação, por parte dos namibianos, para se ajustar ao contexto desse país. Zeichner (2000, p. 36-37) lembra que não apenas o uso do termo "investigação profissional crítica" reflete o desenvolvimento de uma forma de investigação da prática adaptada ao contexto namibiano, mas que o processo de adaptação é também refletido no fato de que os profissionais da Namíbia relacionam suas investigações práticas aos objetivos mais abrangentes descritos no documento: *Pela educação para todos* (MEC, 1993). Logo, a investigação profissional crítica deve ser vista como uma adaptação para o contexto namibiano do que é geralmente conhecido, nos círculos tradicionais, como pesquisa-ação.

Uma nota metodológica

A fim de solicitar dados para este estudo, uma amostra aleatória de cerca de 52 alunos, de um total de 300, do último ano do BETD na Faculdade de Educação de Ongwediva, foi identificada. Pediu-se aos integrantes dessa amostra que submetessem títulos e relatórios de suas investigações profissionais críticas. Esses títulos e versões iniciais dos relatórios já haviam sido discutidos e aprovados pelos professores. Os títulos e relatórios forneceram dados essenciais ao darem indicações iniciais do tipo de investigação prática na qual os alunos do programa estavam engajados.

Contudo, como não foi possível conversar com todo o grupo devido às restrições de tempo, uma seleção aleatória de um grupo menor de cerca de 13 estudantes foi realizada. Esse grupo forneceu os dados de entrevista principalmente por meio de discussões ocorridas no próprio grupo. Relatórios de investigações práticas realizadas por ele foram também coletados e estudados a fundo. Além da minha própria experiência no programa enquanto formador de professores, outros dados foram coletados por meio dos documentos do programa, como o *Guia para a investigação crítica* da Faculdade de Educação de Ongwediva, que é entregue aos estudantes em preparação para suas investigações práticas antes da ida para as escolas (Guia para a investigação crítica, março de 1998). Os dados foram analisados principalmente por meio de padrões de comparação e situando-os dentro de um arcabouço conceitual baseado em um paradigma crítico/transformativo.

Enquanto reconhecendo a complexidade das situações cotidianas de sala de aula e sua natureza eclética, pode-se argumentar que dois paradigmas abrangentes da formação do professor tendem a dominar nossa prática enquanto profissionais e formadores de professores. Trata-se do paradigma tecnocrático e do paradigma crítico/transformativo.

Em breve resumo, o paradigma tecnocrático é profundamente arraigado na abordagem positivista tradicional, em que ensinar é visto como uma ciência aplicada, o professor como técnico e o domínio de um repertório de habilidades técnicas é altamente enfatizado sem situar o ensino em seus contextos social, político e econômico (Aronowitz e Giroux, 1993; Giroux e MacLaren, 1987; Beyer, 1991). O mais comum nesse paradigma é a predominância de uma "postura não-crítica e não-problemática", da qual a realidade é considerada dada como algo que dele não se pode duvidar ou suspeitar. Pressuposições, crenças e sistemas de valores subjacentes são considerados dados (ZEICHNER e LISTON, 1996).

O paradigma crítico/transformativo, por outro lado, vê o professor como intelectual crítico e transformador, cuja função não é somente lançar habilidades técnicas, mas também situar tais habilidades nos contextos político, social e econômico, dentro dos quais os professores operam. Acima e além das habilidades técnicas, os professores investigam os valores que sustentam os objetivos, os quais essas habilidades técnicas buscam alcançar. Dentro desse paradigma, o propósito da formação do professor é conscientizar criticamente os futuros professores não apenas para que situem as habilidades técnicas do ensino em seus contextos, mas que sejam capazes de se engajar em ações transformadoras, as quais avançam rumo à melhoria da vida humana.

Os dados coletados por meio das entrevistas e dos documentos foram analisados através das lentes conceituais fornecidas pelo paradigma crítico transformador. O que se segue é uma apresentação da análise dos dados das entrevistas e dos documentos.

POR UMA RECONCEITUALIZAÇÃO DA FUNÇÃO DO PROFESSOR ENQUANTO PROFISSIONAL CRÍTICO, INVESTIGATIVO E REFLEXIVO

Os dados desta pesquisa evidenciaram uma reconceitualização radical da função docente: de uma visão que considerava os professores apenas como implementadores dos ditames do *apartheid* para uma visão de professores não apenas como profissionais críticos e reflexivos que constantemente questionam sua própria prática, mas também como profissionais capazes de pensar de uma maneira independente e de construir estratégias para solucionar problemas. A investigação profissional crítica passou a ser concebida como processo de identificação de um problema relacionado à própria prática de determinado professor, de refletir acerca do problema, de coletar dados, de elaborar um plano de ação e, finalmente, de implementar o plano de ação a fim de resolver o problema identificado e melhorar sua prática. Quando da elaboração dos propósitos da investigação profissional crítica (pesquisa-ação) no programa, os alunos disseram, durante as entrevistas, o que se segue:

> O propósito da pesquisa-ação durante os SBS é como descobrir um problema e descobrir meios de resolver o problema. Você será orientado a resolver problemas no futuro. (Estudante 1)
>
> A pesquisa-ação nos ajuda a descobrir meios de como resolver problemas. Há muitos problemas na sala de aula, mas nós temos que selecionar apenas um. Dessa maneira, você também está aprendendo a como selecionar e focalizar um problema. (Estudante 2)
>
> O propósito da pesquisa-ação é descobrir caminhos alternativos para resolver problemas de sala de aula. Usar métodos de ensino para melhorar a situação da sala de aula. Você pode encontrar problemas com livros-texto que são incompletos ou problemas ligados a métodos de ensino. Por exemplo, como eu posso resolver problemas ligados a meus métodos de ensino? (Estudante 3)
>
> A pesquisa-ação nos ajuda a identificar problemas dentre os alunos e nos possibilita solucionar esses problemas. (Estudante 4)
>
> Ela nos ajuda a refletir. Isso é, a identificar problemas na sala de aula e, então, tentar descobrir possíveis medidas para resolver esses problemas. Após a primeira aula, eu refleti sobre como minhas ações poderiam ser bem sucedidas. (Estudante 5)

Enquanto a formação docente no regime *apartheid* buscou disseminar a crença de que professores não tinham ideias ou tinham muito pouco a contribuir em termos de como as coisas deveriam ser feitas, uma mudança radical a esse respeito pode ser observada a partir dos dados de entrevista ora apresentados. Em vez de esperar que uma autoridade externa descobrisse soluções para problemas na própria prática do professor, o pensamento independente e as estratégias de resolução de problemas tendem a dominar as percepções da função do docente na Namíbia pós-*apartheid*. Essas novas atitudes e habilidades dentre os professores são consistentes com o objetivo do programa do BETD de possibilitar que alunos do programa analisem e sintetizem, imaginem e explorem, critiquem e criem, entendam e usem (ANDERSON, 1991; CALLEWAERT & KALLOS, 1991; MHEVTST, 1998).

Essa nova tendência também refletiu-se nos relatórios oriundos das investigações dos alunos do programa. Um deles, por exemplo, escreveu em seu relatório:

> Realizei minhas observações durante a primeira e a segunda semanas dos Estudos Baseados em Escolas. Por meio da observação, quando comecei a lecionar para a quinta série da escola primária Charles Andresson, detectei o problema em dois alunos que copiavam as

palavras incorretamente durante minhas aulas. Percebi que este tipo de problema precisava ser resolvido. Decidi lidar com isso e achar caminhos adequados para resolvê-lo.

Em outro relatório feito por um aluno que se especializava em comércio, essa tendência também se mostrou recorrente:

> Na maioria das aulas os alunos iam bem em atividades de contabilidade, exceto na série 10B, onde os alunos não conseguiam dar respostas certas. Decidi descobrir qual era a causa e encontrar possíveis caminhos para resolver tal problema. Então, o seguinte tópico me veio à mente: "como eu posso ajudar os alunos da série 10B a melhorar sua performance nas atividades de contabilidade na escola de Oshakati?"

Um aluno de Letras escreveu:

> Durante minhas duas primeiras semanas de observação, descobri que aqueles alunos apresentam graves problemas ao se expressar em inglês. Eu queria descobrir o que e como muitos dos estudantes têm o problema mencionado anteriormente e a complexidade desse problema ou dessa dificuldade de falar inglês. Logo, para obter a solução para o problema, eu decidi fazer minha pesquisa-ação sobre isso.

Esse padrão refletiu-se também nos guias de investigação prática que a Faculdade distribui para os alunos do terceiro ano antes de eles saírem para trabalhar com seus projetos. Esses guias definem a pesquisa--ação assim:

> Um estudo de um problema relativo ao ensino, seguido por esforços sistemáticos na sala de aula para resolver esse problema. No projeto os estudantes devem discutir o problema, refletir sobre as causas e experimentar uma ou mais soluções. Esses resultados são coletados, analisados e anotados e as conclusões são delineadas. (Guia de Investigação Crítica, 1998, p. 10)

A partir dos dados citados, pode ser visto que o componente de investigação profissional crítica do programa de formação inicial do BETD tem sido um instrumento para libertação e democratização da formação docente para ensino fundamental. Em vez das vidas dos professores serem controladas por meio de prescrições restritivas passadas de cima, a investigação profissional crítica permite aos professores a liberdade de expressarem seus pensamentos e fazerem com que suas vozes sejam ouvidas. Contrariamente à situação colonial, a investigação profissional crítica permite que os professores tenham mais controle sobre seu trabalho.

Professores enquanto autores e construtores de conhecimento: rumo a uma base escrita de conhecimento educacional na Namíbia feita por namibianos

Além de acolher o desenvolvimento de perspectivas críticas e reflexivas bem como do pensamento independente e de estratégias de solução de problemas dentre alunos do programa BETD, a investigação profissional crítica tem também servido para reverter, de maneira radical, o modelo colonial em que se acreditava que a autoridade externa era a única fonte de conhecimento. Sob o *apartheid*, o conhecimento chegou à mesa do professor de algum outro lugar e, sem mesmo considerar de onde ele veio, o professor tinha que levá-lo aos alunos. Consequentemente, com a independência, a Namíbia herdou uma base escrita de conhecimento que reflete em grande parte os interesses do regime de *apartheid*. Um modo de reverter essa situação no BETD tem sido por meio do componente de investigação profissional crítica do programa.

Por intermédio do componente de pesquisa profissional do BETD, os alunos do programa têm meios de participar ativamente na criação de uma base crítica de conhecimento educacional na Namíbia. Essa ampla participação na criação de conhecimento inicia-se durante os estudos baseados em escolas (SBS) no último ano dos estudos do BETD, quando se requer que os professores-alunos realizem projetos de pesquisa baseados na prática. Um dos alunos identifica um problema relativo à sua prática profissional, coleta dados, desenvolve um plano de ação, implementa e monitora esse plano de ação. Eventualmente, todo o processo culmina em um relatório. Uma coleção de relatórios resultantes desses estudos baseados na prática é solicitada junto às faculdades, reunida e publicada pelo Instituto Nacional para o Desenvolvimento Educacional (NIED).

A seleção de estudos para publicação não tem o intuito de apresentar "modelos" para futuros relatórios sobre investigações baseadas na prática. Em vez disso, os relatórios são selecionados e publicados a fim de se criar um foro onde os profissionais possam compartilhar suas próprias experiências com seus colegas namibianos. Por meio desse processo, os alunos contribuem junto à construção de uma base escrita de conhecimento para a Namíbia enraizada em suas próprias experiências concretas e realidades cotidianas.

Como parte de seu desenvolvimento profissional e dos cursos de formação de professores, os alunos de diferentes faculdades têm a oportunidade de compartilhar conhecimento baseado nas realidades e experiências de sua própria prática. A primeira publicação dessa natureza é aquela do NIED-1998 denominada *Investigação crítica e pesquisa-ação no BETD: uma coleção de relatórios dos alunos do BETD III*. De acordo com Dahlstrom e Swarts (1998, p. 1), o "principal objetivo da publicação é contribuir para o desenvolvimento da base de conhecimento namibiana que se fundamenta na realidade, nas experiências e nas escritas dos namibianos".

A publicação é também utilizada como parte do material de leitura do programa. Ela serve para gerar discussões em sala de aula, já que os alunos discutem diversos assuntos concernentes ao ensino nos relatórios. Logo, em vez de confiar na assim chamada autoridade externa como a única fonte de conhecimento, os alunos do programa têm a oportunidade de se tornarem autores ou construtores do conhecimento. A investigação profissional crítica dá uma oportunidade para que o professor gere conhecimento que seja relevante para a situação prática da sala de aula em contraste ao conhecimento construído em outros lugares, que é distante dessa realidade.

Além da ampla participação dos alunos, a noção de formas democráticas de construção de conhecimento vai ainda mais longe ao contar com formadores de professores que também contribuem para a criação de uma base de conhecimento crítico para a Namíbia. Isso tem sido alcançado por meio do programa de qualificação da equipe de pós-graduação oferecido em conjunto pelo Instituto Nacional para o Desenvolvimento Educacional (NIED) e o Projeto de Reforma da Formação de Professores (TERP) da Universidade da Umea (Suécia). Embora esse programa de qualificação da equipe de pós-graduação ter oficialmente chegado ao fim, ele permitiu que os formadores de professores se engajassem nas investigações baseadas na prática. Como no caso dos alunos, uma coletânea de estudos é também publicada a fim de se construir uma base de conhecimento e assegurar que o conhecimento gerado pelos profissionais seja compartilhado e utilizado para alcançar os objetivos da formação docente na Namíbia.

Ao longo de um curto período desde a independência, uma série de publicações tem saído a esse respeito, e essas publicações são largamente utilizadas em faculdades como materiais de leitura tanto para os formadores de professores quanto para os alunos. Um exemplo é a publicação de um livro intitulado *Reforma democrática da formação do professor na África: o caso da Namíbia*. Na introdução desse livro ressalta-se que:

> Consonante com o foco atual na construção da capacidade interna de manter as reformas e de se criar uma base de conhecimento namibiana sobre a educação, dezesseis dos dezenove capítulos têm autoria de namibianos. (ZEICHNER e DAHLSTROM, 1999, p. xv)

Logo, por meio da publicação e do compartilhamento subsequente de conhecimento, os formadores de professores tornaram-se ativamente um recurso para seu próprio desenvolvimento profissional. Um outro exemplo de um livro publicado a esse respeito é *Educadores namibianos pesquisam sua própria prática: a investigação crítica do profissional na Namíbia*. Essa publicação também busca incluir "na base de conhecimento oficial relativo à educação na Namíbia estudos realizados por profissionais da educação acerca de sua própria prática". (DAHLSTROM e SWARTS, 2000, p. 1).

Além dos dois exemplos de livros citados acima, oportunidades para os profissionais compartilharem suas experiências têm também sido criadas por meio da publicação de um periódico chamado *Fórum de reforma*. O "fórum de reforma" é uma revista que é publicada regularmente pelo Instituto Nacional de Desenvolvimento Educacional (NIED). Esse periódico é largamente distribuído sem quaisquer custos para as faculdades e outras instituições educacionais da Namíbia como os Escritórios Regionais de Educação, os Centros de Recurso para os Professores, e as escolas. O periódico desempenha um papel fundamental na criação de uma base de conhecimento escrita para a Namíbia, bem como para estimular discussões acerca da reforma educacional e para fomentar o desenvolvimento da educação no país. Os profissionais têm compartilhado suas experiências de sala de aula por meio de publicações do *Fórum de Reforma*. Exemplares desse periódico têm contribuído de maneira significativa como material de leitura no programa de formação docente nas faculdades bem como nos programas de qualificação de equipes profissionais para formadores de professores e professores.

A partir da discussão anterior, fica claro, portanto, que o componente de pesquisa do profissional do programa do BETD tem sido um veículo eficaz para levar adiante a agenda de reforma educacional progressista. Enquanto sob o *apartheid* a construção de conhecimento ficava bastante distanciada do local de trabalho do professor, o paradigma vigente busca possibilitar ao professor tornar-se um agente ativo na construção e na produção de conhecimento. Este texto tem demonstrado como a investigação profissional crítica tem servido como uma eficaz ferramenta para concretizar esse objetivo.

A fim de melhor ilustrar o significado da investigação profissional crítica enquanto um instrumento para libertar e democratizar a educação do professor na Namíbia pós-*apartheid* é muito importante lançar alguma luz, ainda que de maneira breve, sobre a natureza do conteúdo ensinado nas escolas da Namíbia sob o *apartheid* e como as faculdades eram tratadas em termos de construção de conhecimento.

Com respeito ao conteúdo ensinado nas escolas sob o *apartheid*, deve-se notar que o único motivo pelo qual as autoridades desse regime mantiveram a construção do conhecimento sob seu domínio exclusivo era assegurar que tal conteúdo tinha que servir a seus interesses. Por exemplo, em História e Ciências Sociais, os alunos tinham que decorar falsas mitologias tais quais aquelas de "negros beligerantes" e "brancos pacíficos" ou "empreendimento branco e trabalho negro". Esse tipo de conhecimento foi selecionado com o único propósito de legitimar as relações entre "mestre branco" explorador e "escravo negro" criadas pelo *apartheid* na Namíbia. O paradigma progressista vigente da criação de uma base escrita de conhecimento para os namibianos e pelos namibianos tem o potencial de erradicar essa forma de conhecimento que está profundamente enraizada nas ideologias racistas.

Quanto à formação docente, convém mencionar que, durante muitos anos, as três faculdades de educação do norte do país, a saber, a Faculdade de Educação de Caprivi, a de Rundu e a Faculdade de Educação de Ongwediva, que treinavam professores voltados para a população negra eram consideradas subordinadas intelectualmente à assim chamada "Academia para Educação Terciária" em Windhoek, capital da Namíbia. A "Academia para Educação Terciária" foi criada para levar adiante a agenda racista do *apartheid* no país.

Como subsidiária do regime de *apartheid*, a "Academia para Educação Terciária" tinha que agir como a "guardiã intelectual" das três faculdades do norte. Como "guardiã intelectual", tal Instituição decidia sobre o que deveria ser ensinado naquelas faculdades. Os professores da "Academia", a maioria dos quais eram brancos da África do Sul, selecionavam o conteúdo, organizavam "linhas de estudo" prescritivas e determinavam que tais linhas fossem usadas nas três faculdades. Essas linhas de estudo serviam como eixo ao redor do qual moviam o ensino e a aprendizagem nas três faculdades. Ninguém tinha permissão de ensinar nada que não fosse parte do conteúdo prescrito por tais linhas. Além disso, as linhas de estudo não ofereciam nada mais que a legitimação das ideologias racistas do *apartheid*.

Essas linhas de estudo tinham que ser tratadas como pequenas bíblias as quais tanto os formadores de professores quanto os alunos tinham que saber de cor ao ponto de quase cantá-las como no catecismo. Essa situação foi ainda mais reforçada por uma avaliação rígida também estabelecida e imposta nas três faculdades pela Academia. A regurgitação do conteúdo das linhas de estudo nessa avaliação era frequentemente tratada como uma medida de excelente desempenho.

Logo, a pergunta sobre "de quem era o conhecimento que acabava nos corredores da formação de professor do *apartheid*", e "por que" refletia largamente os princípios autoritários e ditatoriais da construção de conhecimento em contraste àqueles da democracia e da participação ampla na Namíbia pós-*apartheid*. Enquanto sob o *apartheid*, o conhecimento era visto como uma ferramenta de opressão, por meio da criação de uma falsa consciência, na Namíbia pós-*apartheid* a ampla participação na construção de conhecimento passou a ser vista como um meio de libertação e democratização e como um direito.

A INVESTIGAÇÃO PROFISSIONAL CRÍTICA COMO MECANISMO PARA A PEDAGOGIA TRANSFORMADORA NA NAMÍBIA PÓS-*APARTHEID*

Além da criação de uma base de conhecimento crítico para a Namíbia, a investigação profissional crítica tem também servido como um mecanismo da pedagogia transformadora nas escolas, pois estão consonantes com os objetivos nacionais de educação, conforme descrito no documento: "Por uma educação para todos" (MEC, 1993). A maioria das investigações profissionais presentes nas publicações mencionadas anteriormente tem apresentado a tendência de como os profissionais podem transformar suas próprias práticas pedagógicas e as abordagens interativas dos trabalhos de grupo que são advogadas nesse documento.

Vinte e três (23) dos cinquenta e dois (52) títulos das investigações profissionais que foram coletadas para este estudo baseavam-se em "modelos de aprendizagem participativa e centrados no aluno". Logo, quase metade dos alunos da amostra estava fazendo suas investigações profissionais com base em uma pedagogia centrada no aluno. Quatro títulos eram sobre "como incentivar os alunos a fazer mais perguntas durante as aulas" e o resto era sobre abordagens de trabalhos em grupo.

Logo, em consonância com o papel da formação docente enquanto impulsora das reformas educacionais pós-*apartheid* na Namíbia, os alunos e os formadores de professores estão investigando de maneira ativa e refletindo acerca de problemas encontrados na transformação de uma pedagogia autoritária e ditatorial do regime *apartheid* para uma pedagogia mais democrática e participativa que é centrada no aluno. Enquanto futuros professores da Namíbia, os nossos alunos têm a oportunidade de confrontar os temas dessa transformação enquanto ainda no programa. Essa situação permite que eles adquiram novas habilidades e atitudes que auxiliem o processo de reforma.

A INVESTIGAÇÃO PROFISSIONAL CRÍTICA E A FORMAÇÃO DO PROFESSOR COMO IMPULSORA DA REFORMA EDUCACIONAL NA NAMÍBIA PÓS-*APARTHEID*

Na Namíbia, a formação docente é vista como o elemento fulcral da reforma nacional de educação (ZEICHNER e DAHLSTROM, 1999). A investigação profissional crítica tem o potencial de transferir autoridade aos alunos, futuros professores, de modo que eles sejam capazes de assumir um papel ativo na reforma. Por meio da investigação profissional crítica, os alunos têm a oportunidade de adquirir novas habilidades e atitudes relativas à prática reflexiva, à investigação profissional (pesquisa-ação), bem como abordagens democráticas e participativas, as quais se espera que eles promovam logo que assumam as responsabilidades da profissão docente nas escolas namibianas. Ao conduzir investigações baseadas na prática, os alunos têm melhores condições de realizar sua função de impulsores das reformas educacionais. Uma vez colocados nas escolas, espera-se que esses alunos trabalhem de maneira próxima a seus colegas e promovam esses novos conceitos da reforma educacional.

Algumas reflexões finais

A discussão anterior demonstrou como a Namíbia tem dado saltos gigantescos na direção da substituição da formação tradicional do professor do ensino fundamental por um paradigma crítico, transformador e progressista. Mesmo com o curto período da reforma, estendendo-se somente a partir de 1990 pode-se perceber a existência de um grande potencial para o desenvolvimento completo de um paradigma progressista de pesquisa.

Além das análises descritas anteriormente, ainda há uma série de desafios que devem ser enfrentados durante a reforma da formação docente na Namíbia para levar adiante o avanço de um paradigma crítico, transformador e progressista. Esses desafios podem ser descritos como se segue:

Ir além de perspectivas críticas limitadas

Apesar de avanços significativos terem sido alcançados por meio do componente de investigação profissional crítica do programa do BETD, ficou também evidente, a partir dos dados, que a concepção dos alunos em relação à pesquisa prática e à prática reflexiva pareceu excessivamente obcecada com a "resolução de problemas" e com "o dever de casa bem feito". O que se mostrou mais importante foi a realização da pesquisa prática visando desenvolver, da melhor maneira, boas habilidades de ensino e melhorar o desempenho na sala de aula. A natureza do conteúdo ou os objetivos aos quais essas habilidades devem ser aplicadas foram considerados como não problemáticos. Assim, a chamada reflexão incide somente sobre o problema identificado e o plano de ação desenhado para resolver esse problema enquanto a natureza do conteúdo e os objetivos permanecem sem serem examinados.

Também ficou evidente, a partir dos dados, que os alunos não tinham o cuidado de investigar a natureza dos objetivos educacionais aos quais eles tinham que aplicar suas habilidades técnicas. Se tais objetivos almejavam ou não preocupações genuínas com a melhoria das vidas humanas, não era assunto dos relatórios de pesquisa-ação. O que importava era a aplicação técnica de habilidades para se alcançarem os fins estabelecidos sem sujeitar tais fins a um exame crítico.

Um aluno organizou, por exemplo, seu projeto de pesquisa da seguinte forma: "Como eu posso ajudar quatro alunos da série 10A que não participam das aulas de Ciências da Vida na Escola de Uunona?". Ficou evidente na leitura do relatório desse aluno que tanto os objetivos de conteúdo quanto os educacionais foram considerados dados. Os alunos nas aulas de Ciências da Vida foram vistos como o problema. Eles deveriam de antemão estar interessados no conteúdo. Dessa maneira, o nosso aluno utilizou-se da pesquisa-ação para "ajudá-los" a se interessarem pelas aulas de Ciências da Vida. Esse aluno não se esforçou para examinar criticamente a natureza do conteúdo e porque os alunos poderiam não estar interessados nele. Ele não examinou o jeito que organizou suas aulas nem qual impacto isso pôde ter no interesse dos alunos.

Logo, como uma forma de sintetizar o que foi discutido até este momento a respeito da investigação profissional crítica, devemos nos esforçar para que nossos alunos engajem-se na pesquisa-ação não apenas para buscar esclarecimentos acerca de suas aulas, quanto ao fato de elas não serem bem sucedidas e quais atitudes devem ser tomadas para melhorá-las, mas fundamentalmente nossos alunos devem preocupar-se com a natureza do conteúdo, bem como as pressuposições subjacentes aos objetivos e propósitos educacionais. A maneira pela qual a investigação profissional crítica é apresentada nas faculdades deve também ser investigada já que isso pode, em parte, ser um fator que contribui para o modelo vigente assumido por nossos alunos.

Ir além da concepção do aluno enquanto problema

Ficou também evidente, a partir dos dados, a tendência, dentre alguns de nossos alunos de ver seus estudantes como problema. Enquanto se espera que os nossos alunos, futuros professores, identifiquem um problema relacionado a sua própria prática e reflitam sobre ele, alguns desses estudantes identificaram o seu próprio aluno como sendo o problema. Eles viram como sendo sua função ajudar o aluno a superar seu problema. Para ilustrar este ponto, alguns tópicos podem ser identificados nos relatórios de nossos alunos:

> Como posso ajudar as garotas da turma 9C a participarem das aulas de Ciências?
>
> Meus alunos da 8a série não fazem perguntas: como eu posso ajudá-los a perguntarem e a participarem mais?
>
> Fraca participação de alunos em grupos de trabalho durante aulas de Estudos Sociais na 5a série B: como eu posso ajudá-los?

Um outro aluno também escreveu em seu relatório:

> [...] nas aulas de Oshindonga,[1] alguns alunos não demonstram nenhum interesse por essa língua. O motivo pelo qual eu estou dizendo isso é que, às vezes, você pode encontrar palavras em inglês no que escrevem em oshindonga. Este problema leva-me a pensar que, talvez, os alunos não se concentram bem em seu trabalho.

Ficou evidente a partir dos dados anteriores que o aluno é visto como aquele que tem o problema e o professor ajuda-o a resolver o problema. O exemplo citado é de um de nossos estudantes que achava que seus alunos "não demonstram nenhum interesse" pela língua oshindonga. Eles continuam a misturar palavras em inglês e em oshindonga durante as aulas desta língua. Esse nosso estudante não foi capaz de relacionar o comportamento ou a atitude de seus alunos em relação à língua oshindonga com sua prática social mais ampla, na qual o inglês é visto como língua de prestígio, status e capital cultural, enquanto a oshindonga, como qualquer outra língua africana, é menosprezada. Uma criança que fala inglês com fluência é admirada por seus colegas de escola e é bem recompensada pelo sistema, enquanto aquelas que só falam oshindonga são vistas com desprezo. Consequentemente, mesmo durante a aula de oshindonga, os alunos tendem a misturar palavras em oshindonga com aquelas do inglês. Então, em vez de apenas culpar os alunos, também há a necessidade de localizar o problema dentro de um contexto social mais amplo.

Esse modo de culpar o aluno individualmente é um reflexo do sistema de *apartheid*, no qual a pobreza e a miséria dos negros empobrecidos são vistas como resultado da própria condição deles. Tudo estava

---

[1] Umas das línguas locais da parte norte da Namíbia.

bem com o *apartheid*. O problema era com os próprios povos negros. O mesmo princípio é transferido para a sala de aula. Tudo está bem com o conteúdo a ser ensinado e com a escola. O problema é o aluno. Se o aluno puder ser "resolvido", tudo estará bem. Esse princípio parece dominar as vidas profissionais dos nossos estudantes, futuros professores.

Logo, como um meio de ir além na construção do paradigma crítico, as oportunidades devem ser usadas para permitir que os nossos estudantes abordem os problemas a partir de múltiplas perspectivas em vez de considerar uma única fonte como causa do problema.

A capacidade das faculdades de auxiliar os alunos na investigação profissional crítica

Ao longo deste capítulo, fiz referências ao fato de que os nossos estudantes assumem posturas em que não problematizam e aceitam assuntos como dados sem sujeita-los a uma investigação crítica. Um desafio com respeito disso será investigar as capacidades disponíveis nas faculdades de auxiliar os alunos a engajarem em um exercício crítico. O fato de o formador de professores ajudar ou não seus alunos a abordarem assuntos a partir de uma perspectiva bem mais abrangente deve ser investigado. Ao mesmo tempo, precisamos de uma investigação para saber se tal ajuda permite que os nossos alunos localizem criticamente assuntos em seus contextos mais abrangentes e para que possam adotar uma ação transformadora.

A investigação profissional crítica nas escolas namíbianas

Outro desafio para a reforma da formação docente namibiana é estabelecer, por meio da pesquisa, se os professores em exercício, alguns dos quais formaram-se pelo programa BETD, estão engajados nas investigações profissionais críticas e se esse tipo de trabalho é amplamente praticado entre os professores nas escolas namíbianas. Até o momento, não houve nenhum estudo sistemático que desse continuidade ao programa dos nossos estudantes para ver como eles estão se saindo nas escolas em termos da implementação da investigação profissional crítica.

Sustentabilidade

Um dos desafios, especialmente com respeito ao desenvolvimento de uma base de conhecimento escrito para a Namíbia, é o que chamo de "sustentabilidade". Os livros e outras publicações de investigações profissionais mencionados neste capítulo foram reunidos e publicados pelo Projeto de Reforma da Formação de Professores (TERP) da Universidade Umea, na Suécia, e pelo Instituto Nacional de Desenvolvimento Educacional (NIED), na Namíbia. Todavia, os fundos e outras questões técnicas relativas às publicações foram de principal responsabilidade da instituição sueca. Agora que o TERP fechou oficialmente seu escritório na Namíbia, o desafio para a formação docente namibiana será tentar manter a ideia de criar uma base escrita de conhecimento sobre a educação na Namíbia sem confiar na ajuda externa.

Um outro aspecto que desafia a "sustentabilidade" é que parece haver um problema de continuidade em relação à publicação de estudos baseados na prática de nossos alunos. A publicação de 1998, mencionada anteriormente, parece ter sido uma iniciativa do tipo "uma vez e pronto". Desde então, nenhum relatório foi recolhido para publicação, ainda que nossos alunos tenham sistematizado suas investigações profissionais críticas todo ano.

O desafio atual é, portanto, manter esse projeto na ausência de apoio externo e como assegurar sua continuidade a fim de permitir que os profissionais debatam e compartilhem suas experiências baseadas na prática de maneira recorrente.

Referências

ANDERSSON, I., CALLEWAERT, S. e KALLOS, S. *Teacher education reform for Namibia*. Relatório enviado em fevereiro para o Ministério da Educação, Cultura, Juventude e Esportes. Windhoek, Namibia, 1991.

ARONOWITZ, S. & GIROUX, H. A. *Education Still Under Siege*. London: Bergin & Garvey, 1993.

BEYER, L. E. Teacher Education, Reflective Inquiry and Moral Action. In: TABACHNICH, B.R. & ZEICHNER, K. (orgs.). *Issues and Practices in Inquiry Oriented Teacher Education*. The Falmer Press, 1991.

CALLEWAERT, S. Which Way Namibia? Or How to Decolonise the Colonised Mind of the Anticolonial Teacher. In: ZEICHNER, K. e DAHLSTROM, L. (orgs.). *Democratic Teacher Education Reform in Africa: The Case of Namibia*. Westview Press, 1999.

DAHLSTROM, L. *Namibian Educators Research Their Own Practice: Critical Practitioner Inquiry in Namibia*. Windhoehk: Gamsberg Macmillan, 2000.

DAHLSTROM, L & SWARTS, P. Practitioner inquiry and the building of a knowledge base of education. In: DAHLSTROM, L. (org.). *Namibian Educators Research Their Own Practice: Critical Practitioner Inquiry in Namibia.* Windhoek: Gamsberg Macmillan, 2000.

GIROUX, H.A. e MCLAREN, P. Teacher Education and the politics of engagement: The case for democratic schooling. *Harvard Educational Review*, v. 56, n.3, 1987.

MBESC & MHETEC. *Broad Curriculum for the Basic Education Teachers Diploma (BETD).* NIED: Okahandja, 1998.

MEC. *Towards Education for All: A Development Brief for Education, Culture and Training.* Windhoek: Gamsberg Macmillan, 1993.

NDILULA, N. Namibian Education and Culture. In: WOOD, B. (org.). *Namibia 1884-1994: Readings on Namibia's History and Society.* London: Namibia Support Committee, 1988.

NIED. *Critical Inquiry and Action Research in the BETD: A Collection of Reports from BETD III Students.* NIED: Okahandja, 1998.

Ongwediva College of Education. *Critical Inquiry/Action Research Guidelines.* Ongwediva College of Education: Ongwediva, 1999.

PULTORAK, E.G. Facilitating Reflective thought in novice teachers. *Journal of Teacher Education*, v. 44, n. 4, September-October, 1993.

ZEICHNER, K. Critical Practitioner Inquiry and the Reform of Namibian Teacher Education. In: DAHLSTROM, L. O. (org.). *Perspectives on Teacher Education and Transformation In Namibia.* Windhoek: Gamsberg Macmillan, 2000.

ZEICHNER, K. e DAHLSTROM, L. *Democratic Teacher Education Reform in Africa: The Case of Namibia.* Westview Press, 1999.

ZEICHNER, K. e LISTON, D. Teaching Student Teachers to Reflect. *Harvard Educational Review*, v. 57, n.1, 1987.

ZEICHNER, K. *Reflective Teaching: An introduction.* New Jersey: Lawrence Erlbaum Associates, Publishers, 1996.

Capítulo 6
Concepções de pesquisa-ação entre professores chilenos do ensino fundamental: colocando o "nós" no centro

Carmen Montecinos
Justo Gallardo

> Em todo este trabalho de pesquisa-ação, é importante que todos os grupos que o constituem estejam envolvidos. Pode-se estar propondo uma ideia, querendo fazer algo, mas, se os colegas ou a diretoria da escola não dão apoio, é remar contra a corrente... Sempre depende da sua disposição, da disposição da escola em querer crescer, não sozinhos, mas em grupo. Sozinho é impossível. (Ema, professora do ensino fundamental entrevistada para este estudo)

Pesquisas sobre o aprendizado de professores enfatizam a importância do desenvolvimento profissional que focaliza o aprendizado na e a partir da prática (LITTLE, 2001). A pesquisa-ação tem sido publicamente defendida como uma abordagem de desenvolvimento profissional que faz justamente isso. Ela dá condições aos professores de definirem caminhos pelos quais possam melhorar seu próprio aprendizado em relação à prática de ensino, o aprendizado dos alunos, suas condições de trabalho e a contribuição de suas escolas para a construção de uma sociedade mais justa (por exemplo, LIEBERMAN e MILER, 2001; NOFFKE, 1997). Então, como os professores a quem se pede que façam pesquisa-ação para ampliar suas condições profissionais a definem? O presente estudo explorou essa pergunta por meio de entrevistas que conduzimos com 20 professores de Ciências do ensino fundamental no Chile. A maioria deles jamais tinha ouvido o termo pesquisa-ação até o momento em que perguntamos "o que é pesquisa-ação?". Esses professores foram entrevistados enquanto participavam de um programa de cinco semanas no exterior oferecido por uma universidade do meio oeste dos Estados Unidos. Esse programa, patrocinado pelo Ministério da Educação do Chile, foi planejado para melhorar a capacidade dos professores de implementar inovações curriculares e pedagógicas propostas pela reforma educacional atualmente em progresso no Chile.

As escolas financiadas pelo estado no Chile estão engajadas em um processo de mudanças sistêmico, de longo prazo, gradual e de raízes profundas, que visa a oferecer qualidade em educação para todos (Reforma Educacional). Criar um ambiente de trabalho permissivo ao aprendizado dos professores é fundamental para o sucesso dos esforços vigentes para melhorar a qualidade e a igualdade do sistema educacional chileno. O uso da pesquisa-ação não tem sido explicitamente defendido em toda a extensão desse sistema e não é parte do discurso de várias atividades de desenvolvimento profissional propostas pelos responsáveis pela implantação das reformas (ARANCIBIA, EDWARDS, JARA, JELVEZ e NUÑEZ, 1998). A princípio, seria possível argumentar que oportunidades para os professores pesquisarem estão disponíveis em algumas das intervenções propostas para melhorar a autonomia e as condições profissionais dos docentes. Neste texto, buscamos examinar se os professores consideram que a pesquisa-ação é um componente possível de ser feito por meio de seus próprios esforços para melhorar a qualidade, a igualdade e a participação na educação.

Neste texto, primeiro organizamos nosso estudo sobre as concepções de pesquisa-ação dos professores chilenos de modo a perceber se arcabouços teóricos e metodológicos alternativos para se conduzir pesquisa-ação serão reconstruídos pelos responsáveis por sua prática. Examinar essa reconstrução, argumentamos, nos permite ver como a pesquisa-ação torna-se fundamentada nas concepções de ensino dos professores. Depois, explicamos de maneira breve, aspectos da reforma educacional vigente no Chile, a qual fornece um contexto para interpretarmos os conceitos e percepções dos entrevistados em relação à viabilidade da pesquisa-ação. A partir das definições de pesquisa-ação dos professores, dos tópicos que eles selecionaram e de suas descrições do quanto seus locais de trabalho contribuem para seu envolvimento em um projeto de pesquisa-ação, revelamos como a pesquisa-ação estava enraizada em suas visões de docência. Discutimos tais visões à luz de certos aspectos do contexto chileno em relação à profissão docente. Concluímos delineando implicações sobre os formadores de professores.

O QUE É PESQUISA-AÇÃO? DEFINIÇÕES BASEADAS EM CONCEITOS DOS PROFESSORES

Conceitos alternativos de pesquisa-ação acentuam de maneiras diferentes a extensão em que qualquer um de seus propósitos poderia, ou deveria, ser alcançado pelos professores que abrem sua prática profissional para a investigação com base em um método (HOLLY, 1987; NOFFKE, 1992, 1997; REARICK E FELDMAN, 1999). Diversos esforços têm sido feitos para esclarecer em termos conceituais essa área (ver NOFFKE, 1992, 1997). Rearick e Feldman (1999), por exemplo, sugerem um modelo para o entendimento de diferenças ao longo de três dimensões: perspectivas teóricas, objetivos e tipos de reflexão. Eles propõem que a variabilidade demonstrada pelos profissionais refletia a posição por eles tomada com relação a esses fatores.

Os modelos teóricos e metodológicos propostos para a pesquisa--ação representam uma postura normativa e descritiva a ser reconstruída quando os professores se adequam e se adaptam a suas circunstâncias. O estudo de Rearick e Feldman (1999) sobre professores que utilizam a pesquisa-ação sob o direcionamento de determinado arcabouço demonstrou que os professores o colocam em prática apenas de maneira vaga relacionado ao modelo em questão. Os autores sugerem que esse aspecto destoante representa as inadequações no ensino de pesquisa--ação. Escrevem eles: "esse aspecto destoante entre a localização da prática e a descrição teórica pode ser utilizado como meio de encontrar maneiras de modificar o ensino de pesquisa-ação para reduzir essa lacuna" (p. 347).

Diferentemente, para nós, tal aspecto destoante sugere a importância de se problematizar a própria pesquisa-ação. Seguimos autores como Einser (no prelo) e Korthegan (2001), os quais acreditam que manter a crença de que existe um conhecimento "verdadeiro e certo", dentro de modelos alternativos, para conduzir pesquisa-ação mina o próprio propósito de se defender publicamente a pesquisa para professores. Isto é, trata-se da importância de se entender a docência como enraizada em um conhecimento prático e localizado que trata das contingências do particular. Podemos estender isso até o argumento de que se a pesquisa--ação (investigação metodológica das práticas de um sujeito) deve ser considerada como aspecto do ensino, então também baseada nas contingências de uma situação específica de ensino. A variabilidade demonstrada pelos profissionais, como eles contextualizam a pesquisa-ação, representa uma ferramenta para avançarmos nosso entendimento prático e teórico da pesquisa-ação. Examinar como professores entendem e colocam a pesquisa-ação em prática auxilia-nos a problematizá-la.

Entrincheiradas nas várias concepções teóricas de pesquisa-ação, conforme demonstrou Noffke (1992), encontram-se pressuposições acerca do trabalho dos professores e suas condições de trabalho. Examinar os conceitos dos professores relativos à pesquisa-ação também nos permite estender a importante análise de Noffke (1992). No presente texto, demonstramos como pressuposições acerca do trabalho docente e de suas condições de trabalho estão também baseadas em como os próprios professores entendem a pesquisa-ação. Os avanços em nosso entendimento teórico e prático de possibilidades que a pesquisa-ação oferece a preocupações pessoais, profissionais e/ou sociais baseiam-se no entendimento de como conceitos alternativos constroem e representam o professor, o ensino e o local de trabalho e, também, sobre como os próprios professores constroem e representam esses aspectos.

Em nossa pesquisa, queríamos enfatizar a importância do entendimento da lógica da prática dos professores não enquanto desvios de uma teoria ou concepções errôneas dela. Conceitos de pesquisa-ação desenvolvidos no contexto de uma cultura devem ser utilizados com cuidado quando professores e práticas de ensino de uma cultura diferente são por meio deles analisados. Enquanto formadores de professores chilenos trabalhando nos Estados Unidos, a grande maioria da literatura que revimos foi produzida em culturas anglo-saxônicas (Reino Unido, Austrália e Estados Unidos). Precisamos estar sempre atentos para o potencial colonizador que o conhecimento desenvolvido no primeiro mundo (centro) pode exercer sobre o terceiro mundo (periferia).

Uma conversa que um de nós teve recentemente com uma colega na universidade ilustra os perigos de ver professores de outro país por modelos individualistas, os quais predominam nas concepções de pesquisa-ação atualmente postas em prática em faculdades de educação em todo os Estados Unidos (NOFFKE, 1997). Após descrever ao nosso colega os tópicos que os professores chilenos queriam investigar (problemas sociais associados a altas taxas de desemprego, falta de interesse dos pais quanto à educação escolar de seus filhos, um problema de lixo urbano em uma comunidade e assim por diante), ela respondeu: "eles não vão conseguir". Ao discutir esse incidente, notamos que o principal problema que enfrentamos ao escrever um relatório sobre as perspectivas de professores chilenos não estava relacionado ao fato de nossos participantes entenderem ou não entenderem a pesquisa-ação. O problema que tínhamos era que não "conseguiríamos nossos participantes" se os medíssemos, como nossa colega, a partir da perspectiva individualista de pesquisa-ação que aprendemos enquanto educadores nos Estados Unidos. Nossa tarefa era perceber como esses professores chilenos davam sentido à pesquisa-ação no contexto de *suas próprias* (e não a dos Estados Unidos ou a nossa) culturas profissionais.

O CONTEXTO: O PROJETO NEOLIBERAL DE REFORMA EDUCACIONAL

Em seu estudo sobre as reformas educacionais propostas no Chile em cada um dos três governos que estiveram no poder entre 1964 e 1976, Fisher (1979) demonstrou como as reformas estavam permeadas por uma política ideológica defendida por aquele governo. Ela argumentou, e nós concordamos, que a reforma educacional forçosamente leva a um compromisso com a socialização política, tendo como interesse consolidar o poder político. A reforma educacional atualmente vigente no Chile, a qual vem sendo realizada por todos os governos desde a restauração da democracia em 1990, mantém a tradição. A reforma educacional no Chile e na América Latina de forma geral, durante os anos 90, tem sido delineada sob a direção do projeto neoliberal para o desenvolvimento. Seu plano foi elaborado durante a Conferência Mundial de Educação de 1990, realizada em Jomteim, na Tailândia, pelas principais organizações das Nações Unidas e pelo Banco Mundial (HENALES e EDWARDS, 2000). No Chile, contudo, as sementes desse plano foram plantadas por meio da profunda reestruturação da educação pública feita pela ditadura militar nos anos 80. Uma análise das orientações educacionais contidas na ideologia neoliberal, e sua crítica, está além do escopo deste texto (ver APPLE, 2001; HENALES e EDWARDS, 2000; PUIGGROS, 1999). Gauri (1998) apresenta uma análise da reforma educacional chilena como um caso paradigmático por revelar problemas cruciais da proposta neoliberal.

Privatização, descentralização, desregulamentação do estado, autonomia e responsabilidade individuais, competição e livre-escolha são termos chave do projeto neoliberal para a reforma educacional. Nesse contexto, o estado é estimulado a aumentar os gastos em educação, porém alocando recursos financeiros de acordo com a economia de mercado – subsídios baseados no desempenho (GAURI, 1998). Junto à descentralização e a uma maior autonomia da escola, um espírito empresarial paira sobre essas instituições quando lhes são dadas oportunidades para aumentarem seus orçamentos por meio da competição por verba para financiar projetos de melhorias nas escolas. Ao transferir a responsabilidade do gerenciamento escolar para corporações privadas, o setor privado torna-se responsável pelo desenvolvimento de escolas de qualidade que possam competir para atrair alunos/famílias, os quais, então, se beneficiam diretamente das condições oferecidas (HENALES e EDWARDS, 2000). O modelo vê pais e alunos como consumidores que farão escolhas racionais em sua busca por serviços educacionais. Essa racionalidade forçosamente leva um sistema de "responsabilidade" que dá aos pais informações sobre a qualidade da escola e transfere para eles o papel de buscar a melhor instituição de ensino para seus filhos. Entretanto, conforme nota Torres (2000), nos esforços em prol de reformas na América Latina, qualidade tem sido definida de modo estreito em termos de maior eficiência e maiores ganhos educacionais (no Chile, o desempenho dos alunos em leitura e escrita e em matemática é a principal referência para se medir a qualidade da escola).

Frente à pobreza e à desigualdade, o projeto neoliberal advoga esforços em prol de mudanças que envolvam a participação da comunidade para se atingir a igualdade de oportunidades. Essa igualdade tem sido buscada de maneira compensatória por meio de uma discriminação positiva que fornece mais recursos para escolas que atendem os setores mais pobres, inclusive políticas de bem-estar na escola, tais como as refeições fornecidas na escola e programas de saúde (TORRES, 2000).

Estratégias de reformas também incluem propostas para a melhoria da profissionalização dos professores e de sua autonomia (TORRES, 2000). Isso inclui aumentos de salários complementados por incentivos financeiros para estimular e reconhecer a excelência do ensino. Melhores oportunidades para que o desenvolvimento profissional construa a capacidade de implementar as ideias reformadoras recebem incentivo externo, de universidades, ONGs ou empresas privadas que apostam no negócio.

A REFORMA EDUCACIONAL NO CHILE

Em 1998, oito anos após o início da reforma atualmente vigente, o Ministério da Educação chileno definiu o sistema educacional do país como "prejudicado pela desigualdade e pela fraca qualidade" (ARANCIBIA, et al., 1998, p.16). O sistema era caracterizado por sua alta abrangência (96% de matrículas na educação fundamental, obrigatória, que inclui da primeira à oitava série), porém com oportunidades de aprendizado muito restritas para grupos de renda mais baixa. Por exemplo, um programa de testes nacional designado para medir a qualidade educacional (SIMCE) revelou uma diferença de 37 pontos entre escolas de ensino fundamental particulares que tendem a atender aos 5% mais ricos da população e escolas públicas que tendem a servir os 5% mais pobres. Além disso, essa lacuna aumenta progressivamente do ensino secundário em direção ao ensino superior. Reduzir, com a esperança de eliminar, tal discrepância significante na qualidade de educação para vários grupos socioeconômicos tem sido uma prioridade do governo desde a restauração da democracia em 1990. De fato, isso foi selecionado como a primeira das prioridades na agenda do segundo governo democrático (1996).

A reforma educacional identificou quatro áreas para intervenção: programas para melhorias e inovações, reforma curricular, fortalecimento profissional do professor e aumento da extensão do dia letivo (ARANCIBIA, et al., 1998). Programas para melhorias e inovações são voltados para fomentar o ensino e a aprendizagem dando maiores recursos, maior autonomia e maior flexibilidade para escolas individualmente e para seus professores. Além de mudanças estruturais (tais como aumentos de salário para os professores), esforços para o fortalecimento profissional têm incluído uma série de iniciativas inéditas para aumentar a capacidade dos docentes de implementar as ideias da reforma. Dentro de cada área de intervenção, as ações propostas variam entre a educação de ensino fundamental e a de ensino médio. Também variam entre as escolas de melhor desempenho e as de desempenho inferior, bem como entre escolas na zona urbana e na zona rural. Um princípio importante dessa reforma é tratar de desigualdades sistêmicas por meio da discriminação positiva de modo a favorecer aquelas escolas que demonstram maior necessidade de assistência ao mostrarem os níveis de desempenho mais baixos.

A reforma educacional vigente tem introduzido mudanças significativas no trabalho docente. Subjacente a diversas dessas inovações está um esforço organizado para descentralizar o processo de tomada de decisões relativas à educação. Antes da implementação da reforma atual, esperava-se que os professores de escolas públicas seguissem o mais próximo possível um currículo nacional altamente prescrito. As escolas públicas não tinham permissão de formular seus próprios currículos de modo a melhorar o currículo nacional, o qual agora estabelece apenas o conteúdo mínimo a ser visto.

A descentralização iniciou-se nos anos 80, quando o governo deu aos municípios o controle administrativo de escolas públicas. Atualmente no Chile, a administração de uma escola pública está nas mãos dos municípios ou de grupos privados. Eles possuem o controle orçamentário, determinam os salários, contratam e demitem professores e exercem certo controle sobre o currículo. Diretrizes técnicas, supervisão e assistência, contudo, vêm do Ministério da Educação. De acordo com Gauri (1998), a reforma não tem resultado em diversidade educacional nem possibilitado experimentação por causa da função regulamentadora em relação aos aspectos técnico--pedagógicos exercida pelo Ministério.

Descreveremos três programas específicos que foram elaborados para melhorar o desempenho de escolas por meio do fornecimento aos professores e às escolas de oportunidades de uma maior autonomia, uma maior escolha e de uma maior competição. Esses programas específicos buscam obter progresso em prioridades dentro de toda a extensão da escola, porém há outras intervenções que almejam a melhoria da capacidade individual dos professores (tais como o programa de estudo no exterior que trouxe participantes aos Estados Unidos).

Projetos de Melhoramento Educacional (PME)

Por meio dos Projetos de Melhoramento Educacional (PME), as escolas podem competir por financiamento público, a fim de solucionar determinado problema identificado pelos professores, para realizar inovações que visam à melhoria da qualidade da educação. Espera-se que os PMEs deem as condições para a autonomia das escolas e fortaleçam profissionalmente a docência. Pede-se que os professores participem na definição das prioridades da escola e na solução de problemas existentes. Quando o presente estudo estava sendo realizado, nove participantes disseram que suas escolas haviam sido contempladas pelo menos uma vez em seus PMEs, e muitos outros disseram que suas escolas foram atentidas diversas vezes (por exemplo, foram contemplados com laboratório de ciências, laboratório de leitura-escrita e um *workshop* de cuidados com idosos).

Microcentros rurais

Professores da zona rural representavam 35% dos participantes do presente estudo. Um de nossos participantes trabalhava em escolas de primeira a oitava série que tinham apenas dois professores. Os outros seis professores da zona rural trabalhavam em escolas que empregavam de 11 a 27 professores. Dessas, duas eram escolas de tempo integral. Trabalhando sob grande isolamento, os professores da zona rural encaram desafios pedagógicos ímpares, especialmente naquelas escolas onde eles têm que dar aulas a alunos de diferentes séries em uma única sala de aula.

O desempenho nessas escolas tem estado repetida e significativamente abaixo da média nacional do programa de testes. Em função da desigualdade apresentada por esse desempenho persistentemente baixo, da importância de se oferecer aos estudantes da zona rural um currículo mais adequado à sua realidade e necessidade e do isolamento dos professores, um elemento especial da reforma educacional foi planejado para auxiliar as escolas rurais (*Programa de Educação Básica Rural*). Microcentros rurais foram criados para atender às necessidades de formação de comunidades de aprendizado de professores.

Cada comunidade de aprendizado, envolvendo de 10 a 12 professores, desenvolve um plano de ação que inclui uma análise de diagnóstico, objetivos, metas e ações para atender a essas metas com contínuo monitoramento da implementação dos planos. Ao contrário das escolas da zona urbana, em que cada uma delas desenvolve um PME apenas para si, todas as escolas em um microcentro desenvolvem um PME em comum. Durante as reuniões mensais, os professores:

- Trocam experiências pedagógicas, refletindo sobre elas.
- Trabalham na elaboração e no monitoramento de um PME.
- Desenvolvem e adaptam planos de aulas para que os mesmos sejam culturalmente relevantes para as comunidades a que servem.
- Desenvolvem recursos de aprendizagem.
- Recebem assistência técnica de supervisores do Ministério.
- Socializam-se a fim de desenvolver ligações profissionais e pessoais.

Programa das 900 escolas

O Programa para Melhorar a Qualidade de Escolas de Ensino Fundamental em Regiões de Baixa Renda, conhecido como o "Programa das 900 Escolas", foi elaborado para aumentar o desempenho de escolas em zonas rurais e setores urbanos de extrema pobreza. As escolas-alvo incluem aquelas que ficaram nas últimas posições do Programa Nacional de Testes, SIMCE. As escolas identificadas recebem assistência especial dos supervisores do Ministério e de uma equipe profissional. Um dos professores que entrevistamos trabalhou em uma escola P900. Ele apontou o apoio que a escola recebeu dos supervisores do Ministério, os quais se reuniam com os professores semanalmente a fim de identificar os pontos fracos e fortes da escola.

Oficinas de professores são a principal atividade de desenvolvimento profissional apoiada por esse programa. Os professores reúnem-se periodicamente (uma vez por semana, ou a cada duas semanas) acompanhados por um coordenador que auxilia o aprendizado do professor e o funcionamento do grupo. Comdemarin e Vaccaro desenvolveram um manual que explica em detalhes a estrutura e o funcionamento dessas oficinas (http://www.mineduc.cl/). A seguir tem-se uma síntese de alguns aspectos selecionados a respeito das oportunidades de pesquisa-ação.

Seis princípios orientam a pedagogia das oficinas:

1- Aprender na ação. Os professores são incentivados a desenvolverem projetos para melhorar o aprendizado e o desempenho em leitura e escrita e em matemática concomitante ao desenvolvimento afetivo e da autoestima dos alunos. Esses projetos tratam de problemas práticos que eles enfrentam.

2- Participação. As oficinas representam um espaço para o fortalecimento de relações democráticas e das comunidades de aprendizado dos professores. Espera-se que todos os participantes contribuam na resolução de problemas concretos identificados e desenvolvam atividades de projeto.

3- Integração. As atividades das oficinas promovem a integração do ensino, da pesquisa e da extensão.

4- Interdisciplinaridade. Para examinar os problemas identificados, são apresentadas diferentes perspectivas, quebrando o isolamento que tem caracterizado o ensino.

5- Globalização. Para desenvolver o projeto, pede-se aos professores que se engajem em análise sistêmica.

6- Controvérsia. Obtêm-se resultados a partir do confronto de pontos de vista alternativos (conflito sociocognitivo). Pede-se aos participantes que alcancem um consenso para se comunicarem com outras plateias.

As oficinas devem atender a três funções gerais: ensino, pesquisa e extensão. Por meio da pesquisa, incentivam-se os professores a examinarem de perto como o aprendizado acontece em suas salas de aula, assim descobrindo coisas sobre si mesmos e sobre seus alunos. A pesquisa em sala de aula pode levar a:

- Redução da lacuna entre teoria e prática.
- Estímulo à resolução de problemas.
- Melhoramento do processo de tomada de decisões.
- Aumento da qualidade do trabalho profissional, logo melhorando as condições para o aprendizado dos alunos.

Essa breve visão geral das intervenções propostas pela reforma chilena torna clara sua orientação neoliberal. Na transição chilena rumo à democracia, tem-se dado ênfase ao "consenso" e a tarefa de melhorar a educação tem mobilizado esse consenso dentro de vários partidos de centro e centro-esquerda dentro da coalizão governante. Em nossas entrevistas com professores, não ouvimos críticas às ideias da reforma, porém ouvimos algumas críticas à estrutura administrativa que apoia essas ideias.

Os partidos de direita no Chile criticam esse processo de reforma porque acreditam que as políticas governamentais não estão permitindo que uma dinâmica voltada para o mercado desenvolva-se plenamente. De fato, sempre que se publicam os resultados de medidas da qualidade das escolas, tais partidos aproveitam a oportunidade para insistir que mais privatizações, maior desregulamentação e maior autonomia é o que se precisa para tratar de modo diferente a ausência de melhorias demonstrada nesses resultados. Essas sugestões contradizem os achados de pesquisas que demonstram que a privatização tem levado corporações a competirem por meio do corte de gastos mais que por meio da melhoria de desempenho (McEwan e Carnoy, 2000). A partir de um estudo do sistema chileno, Gauri (1998) concluiu que um sistema de escolha atende a pais que são informados acerca da qualidade da escola, mas é improvável que ajude as famílias dos setores mais pobres. Além disso, as experiências de escolha de escola podem aumentar a estratificação de classes sociais.

O outro setor que tem expressado críticas é o sindicato dos professores. A descentralização quebrou o pacto informal por meio do qual os professores dispunham-se a aceitar baixos salários em troca da segurança de seus empregos garantida pelo estatuto estado-empregado (Gauri, 1998). A descentralização e a flexibilidade de trabalho têm destruído a segurança de emprego e a força do sindicato docente de lutar por maiores benefícios econômicos para a classe. Jorge Pavez, membro do Partido Comunista e diretor do sindicato dos professores desde 1995, vem expressando as preocupações do sindicato em relação ao traço ideológico da reforma e como a reforma concebe o trabalho docente.

Em uma apresentação em um simpósio internacional sobre profissionalismo docente, no contexto dos esforços do governo em instituir um sistema para avaliar individualmente os professores, Pavez ressaltou a necessidade de mudanças substitutivas nas condições de trabalho do professor. Ele rejeitou aquilo que encara como o entendimento de educação por parte da atual reforma: o desenvolvimento de um sujeito econômico. Segundo Pavez, quando a educação é voltada para a produção de consumidores e de trabalhadores, os valores de justiça social, solidariedade e democracia tornam-se subordinados à dinâmica do mercado. Por meio dessa perspectiva, o desenvolvimento de um indivíduo autônomo, criativo e crítico é considerado importante para a produção econômica e não enquanto componente de uma educação holística que busca humanizar mais que fragmentar as pessoas e as sociedades.[1]

Pavez propôs uma alternativa para a definição restrita de profissionalismo docente enquanto capacidade de produzir educação de alta qualidade (isto é, desempenho do aluno). Em sua proposta, os professores são chamados a questionar não apenas que tipo de sujeito histórico eles estão formando, mas também que tipo de sociedade eles querem construir. Em outras palavras, os professores devem reconhecer que pedagogia e política são inseparáveis. Ensino, reflexão e atitude política são parte do projeto social para desenvolver cidadãos guiados pela solidariedade. O compromisso dos professores com o desenvolvimento profissional em curso está baseado em seu compromisso em apoiar a construção de sociedades mais justas e democráticas, não apenas em melhorar o desempenho dos alunos. A partir dessa perspectiva, o profissionalismo docente pressupõe que os professores vejam-se como intelectuais transformadores, atores da mudança social não apenas enquanto agentes efetivos do estado prontos a cumprir os objetivos que o sistema definiu-lhes. O profissionalismo docente também leva forçosamente à adoção de uma tendência questionadora quanto à prática, a fim de sustentar o desenvolvimento da teoria a partir do fazer cotidiano.

---

[1] É importante observar que o currículo nacional inclui valores educacionais e componentes de cidadania, conhecidos como "objetivos transversais". Até onde sabemos, esses aspectos não são considerados quando se procura medir a qualidade da educação recebida pelos estudantes. O atual sistema para avaliação da qualidade educacional baseia-se fortemente no desempenho escolar, principalmente, nos índices de leitura e escrita e de matemática. Se é isso o que conta quando escolas e professores são considerados responsáveis pela melhoria da educação para os pobres, então aqueles outros aspectos do currículo serão considerados menos importantes e, consequentemente, receberão menos recursos e atenção. Nesse caso, enquanto aos filhos das classes altas tem-se garantido um currículo integral, procura-se assegurar aos filhos de classes trabalhadoras o treinamento em habilidades básicas de leitura e escrita e de aritimética. Obviamente, isso auxilia a estratificação social. Henales e Edwards (2000) afirmam que a estratificação social aumentou em países que seguiram as prescrições do Banco Mundial e do Banco Interamericano de Desenvolvimento.

Mais do que *adotar* as reformas, os professores adaptam-se a elas. Eles trazem suas perspectivas idiossincráticas para se apropriarem de aspectos que consideram úteis e passam a acomodá-los, ao passo que rejeitam aqueles que não conseguem se adequar em seus esquemas e sistemas de valores. A definição de qualidade da reforma educacional certamente é um referencial, porém, nos processos de condução de seu trabalho, os professores podem encontrar espaço para alargar essa definição. O desenvolvimento e a implantação de PMEs, Microcentros e Oficinas de Professores sugerem que existe a possibilidade de haver apoio e espaço institucionais para que os professores chilenos exercitem autonomia profissional ao se encontrarem frente a inovações. As descrições que acabamos de fornecer, entretanto, são baseadas na literatura produzia pelo ministério. O quanto essas oportunidades estenderam-se rumo às escolas em particular permanece como questionamento empírico. As realidades vivenciadas e construídas pelos professores e pelas escolas refletem esses espaços de colaboração, inovação, criatividade, autonomia e liderança planejados pela reforma? Os professores concebem a pesquisa-ação enquanto atividade possível de ser realizada em suas escolas?

Em nossas entrevistas, descobrimos que quatro de 20 professores já haviam ouvido o termo pesquisa-ação anteriormente, mas nenhum deles conseguiu defini-lo com um grau mínimo de confiança ou precisão. Esse provavelmente não será o caso de gerações futuras de professores. No contexto das novas demandas que as escolas estão colocando na profissão docente, diversos programas de formação de professores agora incorporam um requerimento de pesquisa-ação como parte de uma ou mais áreas de experiência (com mais frequência durante a prática de ensino). Em que extensão esses futuros professores encontrarão as condições necessárias para manterem pesquisa-ação em suas escolas? Existem elementos em seu local de trabalho, os quais eles poderiam capitalizar para criar condições que permitissem seu envolvimento em projetos de pesquisa-ação? Dada a cultura profissional nas escolas públicas chilenas, quais abordagens de pesquisa-ação poderiam ser de maior interesse para os futuros professores? Enquanto formadores de professores, antes de começarmos a incentivar futuros professores e professores em exercício a enfatizarem a dimensão da pesquisa baseada em inovação e melhorias, precisamos entender as condições do trabalho docente e as possibilidades e os obstáculos vistos ao tornar a pesquisa--ação parte do aprendizado profissional.

A pesquisa-ação promete materializar a nova visão de profissionalismo docente defendida pela reforma educacional. Conforme notaram outros autores, pedir a professores em exercício que conduzam pesquisas-ações implica designar mais um papel em sua condição já sobrecarregada (GLESNE, 1991). Esses professores em exercício têm vontade e estão prontos para aceitarem essa função? Eles sentem que suas escolas dão apoio a tal atividade? Eles acham que conseguem fazer com que seus locais de trabalho apoiem a pesquisa-ação?

METODOLOGIA UTILIZADA NESTA PESQUISA

Participantes

Desde 1996, os professores chilenos que trabalham em escolas públicas têm a oportunidade de participar de programas de estudo de curta duração no exterior, a fim de obter experiências e conhecimento por si mesmos de práticas de ensino em outros países. Bolsas de estudo são distribuídas dentre candidatos à seleção, os quais são primordialmente escolhidos com base em seu trabalho profissional até o momento e declaração de seu propósito ao escolher um programa específico (Arancibia et. al., 1998). Instituições educacionais ao redor do mundo são convidadas a submeter propostas para um programa de estudos em uma área em particular.

Desde 1998, a Universidade de Iowa do Norte oferece um programa para professores de ciências do ensino fundamental. O objetivo geral desse programa é atualizar o conteúdo e o conhecimento pedagógico dos professores para que eles possam voltar às suas salas de aula com um melhor entendimento da abordagem reflexiva do ensino de ciências. Além das oficinas conduzidas por professores de ciências da Universidade, o programa inclui visitas à sala de aula para observar professores de ciências do ensino fundamental que utilizam uma abordagem reflexiva e conversar com eles. Um outro componente do programa trata das abordagens ao desenvolvimento profissional no contexto de mudança educacional. Os participantes aprendem sobre a pesquisa-ação enquanto abordagem, embora, na época das entrevistas, esse conteúdo ainda não havia sido visto.

Os 20 professores que participaram dos programas da Universidade foram convidados a participar como voluntários do presente estudo (omitimos a idade e utilizamos pseudônimos por questões de sigilo). O Quadro 1 resume as características demográficas selecionadas dos participantes e de suas escolas.

Quadro 1
As características demográficas
dos participantes e de suas escolas

Sexo	10 homens 10 mulheres
Anos de experiência	Média: 21.2 (5 a 36 anos)
Tipo de gerenciamento escolar	Municipal: 6 Privado: 4
Localização da escola	Rural: 7 Urbana: 13
Situação socioeconômica das famílias das escolas	Muito Baixa: 7 Baixa: 9 Médio--Baixa: 1 Média: 3
Tamanho da escola - Número de estudantes	Mediano: 600 (50 a 2000 alunos)
Tamanho da escola - Número de professoress	Mediano: 21.5 (2 a 65 professores)

Protocolo de entrevistas e procedimentos

O segundo autor deste artigo, doutorando chileno da Universidade de Iowa do Norte e também funcionário do programa, gravou entrevistas individuais com os professores de 30 a 45 minutos. O entrevistador organizou encontros com os professores de acordo com a disponibilidade deles, com maior frequência no início da noite, quando as atividades diárias do programa terminavam. O encontro iniciava-se com uma breve explanação acerca do estudo. Requereu-se dos professores uma declaração escrita de consentimento para a participação nesta pesquisa. Utilizou-se um protocolo semiestruturado para examinar o conhecimento prévio e a experiência de pesquisa-ação dos docentes. Depois, eles recebiam uma breve descrição da pesquisa-ação realizada por um professor para melhorar o desempenho de leitura entre seus estudantes. Quando os professores terminavam a leitura, e antes de lhes pedir que definissem a pesquisa-ação, colocava-se à disposição para esclarecimentos acerca do documento que haviam acabado de ler. Seguindo suas definições de pesquisa-ação, pedia-se a eles que dessem três exemplos de possíveis tópicos de pesquisa-ação em suas escolas. Finalmente, realizou-se uma série de perguntas para determinar como eles entendiam os pontos fortes e fracos de si próprios e de suas instituições em relação à realização da pesquisa-ação.

As entrevistas foram transcritas e analisadas independentemente pelos autores deste texto. Os dados foram analisados quantitativamente (por exemplo, por frequência) e qualitativamente (temas e padrões em suas definições de pesquisa-ação, tópicos e análises das condições de trabalho).

Resultados da pesquisa

Orientamo-nos nesta pesquisa por meio do trabalho de Noffke (1992) a fim de construir um sentido para analisar o entendimento recém-construído daqueles professores acerca da pesquisa-ação, examinando seus conceitos de ensino e de suas condições de trabalho. Dessa forma, analisamos as seguintes informações: (a) suas definições de pesquisa-ação; (b) a seleção de tópicos a serem investigados por meio de um projeto de pesquisa-ação; (c) suas descrições do quanto seus locais de trabalho permitiam seu envolvimento com a pesquisa-ação.

Dado o processo de seleção dos professores entrevistados, os resultados desta pesquisa explicitam o que professores engajados na reforma educacional e que estiveram envolvidos particularmente nessa atividade de desenvolvimento profissional pensam sobre o uso da pesquisa-ação. A maioria desses professores via seu próprio aprendizado como ponto central para a melhoria e para o sucesso de suas escolas na implementação dessa reforma. Entretanto, eles repetidamente comentavam em suas entrevistas que suas opiniões diferiam consideravelmente das opiniões de seus colegas que não tinham abraçado a reforma.

Em suas respostas, nenhum dos professores questionou se a condução de um projeto de pesquisa-ação era uma atividade adequada ao tempo dos professores. Três professores mencionaram que outros poderiam questionar se isso seria correto:

Entrevistador: Você já realizou pesquisa-ação em sua escola?

Marta [uma professora há cinco anos trabalhando em escola pública]: Como essa que está escrita aqui, não [conforme aquela apresentada no documento que pedimos que ela lesse]. Mas minha colega e eu procuramos fazer algo assim porque nossa escola tem problemas de desempenho, problemas graves de disciplina e de motivação.

Entrevistador [perguntando em um estágio posterior da entrevista]: Sua escola apresenta condições para seu envolvimento com a pesquisa-ação?

Marta: O grupo precisaria de tempo para fazer o trabalho. O tempo que eles me dão é determinado por uma questão financeira... porque eu não estarei ensinando. [A direção pensaria] "estou pagando a você por hora e você está fazendo outra coisa".

CONCEITOS EMERGENTES DE PESQUISA-AÇÃO: COLOCANDO O "NÓS" NO CENTRO

Shumsky (citado por NIXON, 1987, p. 26) escreve que "a pesquisa-ação significa fornecer um cenário social em que as pessoas possam trabalhar unidas, sonhar juntas por uma comunidade melhor e tentar traduzir seus sonhos para uma linguagem de ação e valorização". Em Carr e Kemmis (1986), também encontramos a ideia de pesquisa-ação enquanto trabalho em conjunto. Para esses defensores da pesquisa-ação, melhorar a educação a partir do interior das escolas requer que os professores trabalhem de maneira colaborativa para lidar com preocupações que são compartilhadas ao longo da pesquisa-ação. A melhoria pessoal não é o objetivo, mas é uma condição facilitada pelo compromisso coletivo em se tratar de uma preocupação compartilhada. Essa perspectiva pode ser contrastada aos conceitos que apresentam a pesquisa-ação enquanto uma iniciativa mais individualista.

Mcniffi, Lomax e Whitehead (1998), por exemplo, também defendem que um compromisso com a melhoria educacional está no centro da pesquisa-ação. Para eles, a pesquisa-ação é essencialmente realizada de modo colaborativo porque seu objetivo é a melhoria pessoal visando a transformação social. Em sua lista das principais características da pesquisa-ação, eles declaram que, embora o foco de atenção seja o entendimento que se tem acerca de uma situação educacional mais abrangente, intervir na prática de um profissional deveria ser também uma prioridade. A pergunta "como eu posso melhorar..." conduziu a pesquisa desses autores. Eles ainda enfatizaram esse ponto ao declarar que a pesquisa-ação incluía "colocar o 'eu' no centro da pesquisa" (p. 16). Para eles, outras pessoas devem também entrar no processo de pesquisa-ação enquanto participantes que auxiliam na validade do conhecimento produzido pela pesquisa e na condição de amigos ou colegas críticos que ajudem o pesquisador a decidir o que mudar no processo de investigação e como mudar.

É importante notar que o exemplo de pesquisa-ação o qual pedimos que os professores lessem, descrevia um professor que queria melhorar a leitura em sua sala de aula dando aos pais ideias de como ler com seus filhos. Isto é, esse exemplo encaixava-se dentro do modelo individual oferecido por McNiff *et al.* (1998) mais do que dentro da abordagem coletiva defendida por Carr & Kemmis (1986). Todavia, os participantes do presente estudo demonstraram a tendência de pensar a pesquisa-ação enquanto projeto coletivo. Isso foi evidenciado em suas (a) definições de pesquisa-ação, as quais tinham a tendência de implicar que um grupo o faria; (b) escolhas de tópicos, já que estes representavam preocupações que envolviam toda a escola e iam além e (c) discussões da possibilidade de se realizar pesquisa-ação, primordialmente em termos de se engajar junto a seus colegas e, em alguns casos, aos pais e alunos. A seguir, cada um desses aspectos é elaborado e ilustrado com trechos das entrevistas.

Apenas um professor relatou ter sido convidado a juntar-se a um grupo de pesquisa-ação, mas declinou por falta de tempo. Dentre aqueles que não haviam ouvido a respeito da pesquisa-ação anteriormente, antes da leitura da breve descrição que lhes foi fornecida, cinco professores reconheceram coisas que já estavam fazendo como sendo "pesquisa-ação":

> [Andres, um professor da zona rural com 29 anos de experiência que trabalha em uma comunidade que descreve como sendo pobre]: Estávamos fazendo isso, mas não sabíamos que estávamos fazendo isso. No interior é diferente da cidade, assim, abordamos todos os problemas que nossos alunos apresentam para nós com uma metodologia idêntica a essa: O que está acontecendo? Por que isso está acontecendo? Que ações diretas poderíamos tomar?
>
> [Glenda, uma professora com 20 anos de experiência que trabalha em uma comunidade urbana que ela descreve como sendo pobre]: Como eu disse, estamos sempre tentando melhorar. Continuamos a

observar que eles têm um rendimento baixo, por quê? Não culpamos apenas os alunos, reconhecemos isso. Observamos as falhas; ensinamos coisas uns aos outros; mudamos nossas metodologias. Nos reunimos de 15 em 15 dias, quando as crianças saem uma hora mais cedo, e nós trabalhamos buscando novas coisas para resolver os problemas que temos que enfrentar... Isso não é algo desconhecido, isso é feito mas eu não conhecia o nome.

[Vilma, uma professora de 15 anos de experiência que trabalha em uma comunidade urbana que ela descreve como sendo extremamente pobre]: Acredito que isso é algo que já fizemos em nossas salas de aula. Especificamente, com respeito ao problema da leitura, estávamos tentando explicar por que as crianças não estavam obtendo progresso na leitura.

As definições iniciais oferecidas pelos participantes tinham a tendência de se referir a três elementos da pesquisa-ação: quanto ao propósito da pesquisa-ação, dez responderam tratar-se da resolução de problemas e seis da melhoria do ensino. Em relação ao foco desse tipo de pesquisa, sete responderam que deveria centrar nos alunos enquanto apenas um no professor. Finalmente, quanto ao processo de pesquisa, oito participantes declararam tratar-se de uma atividade coletiva e seis, individual. Dois participantes relacionaram a pesquisa-ação à realização de um experimento prático. Algumas definições tinham os três elementos, outras tinham um ou dois.

Rosa, uma professora da zona urbana com 18 anos de experiência e que trabalha em uma escola que ela descreve como sendo pobre, a qual atende famílias de renda média-baixa, forneceu uma definição que enfatizava o trabalho coletivo para resolver um problema relacionado ao aprendizado dos alunos:

> Quando você tem um problema com uma determinada classe... uma habilidade que eles não desenvolveram... ache as causas... tome atitudes concretas... peça por colaboração, especialmente dos pais... junto com os alunos, pais e, se possível, com outros professores.

Glenda ofereceu uma definição que via o propósito de se encontrarem causas e soluções concentrando-se no professor:

> Ache as causas pelas quais o aluno está sendo mal sucedido. Mas não apenas o aluno, pode ser todo o contexto da escola. Pode-se até mesmo questionar como se está falhando... Tenho que ser mais dinâmica? Como posso tornar minhas aulas mais inovadoras, mais atraentes e obter melhor desempenho?

A definição de Marta enfatizava a resolução de problemas por meio da experimentação, especificando quem deveria realizar a pesquisa-ação, mas não o tópico:

> Ache informações para resolver um problema apresentado. O problema pode ser qualquer coisa que eu ache interessante e eu tenho que encontrar ou resolver por meio de uma investigação que envolva experimentação... esses são problemas em uma escola, que você tenta resolver e para fazer isso, claro, você precisa investigar.

Francisco, um professor da zona rural com 20 anos de experiência, forneceu a definição mais genérica de pesquisa-ação:

> É uma melhoria... buscar por melhorias...

As definições fornecidas pelos entrevistados reafirmam o potencial da pesquisa-ação para a "melhoria do ensino", em diversos casos concebida como "a resolução de um problema prático". Em contraste com a recomendação de Lomax *et al.* (1998) para que professores-pesquisadores coloquem o eu no centro, percebemos que, com maior frequência, os professores participantes desta pesquisa colocaram o nós no centro do estudo. Nos três exemplos oferecidos para ilustrar por que os professores pensavam que já haviam, sem se dar conta, realizado pesquisa-ação, a ideia de ação coletiva estava presente e os professores utilizavam o nós para discutir atividades que eles associavam com pesquisa-ação.

TÓPICOS QUE VALEM SER PESQUISADOS: FOCO SOBRE TODA A EXTENSÃO DA ESCOLA E PARA ALÉM DISSO

Pediu-se aos participantes que indicassem três tópicos que eles gostariam de estudar em suas escolas por meio de um projeto de pesquisa-ação. O Quadro 2 resume os 44 tópicos citados. Quase metade das respostas relacionava-se a pais e alunos focalizando as dimensões social e psicológica do ensino. Cerca de um terço relacionava-se ao aprendizado, ensino e currículo. Nesta lista de tópicos, vemos como os professores entrevistados não se importaram com o conceito, imposto pela reforma educacional chilena, de qualidade de ensino como produção de estudantes que consigam obter bons resultados em testes padronizados.

Quadro 2
Tópicos de Pesquisa-Ação

Tópico	Frequência	Percentagem	Exemplos
Professores	3	7	Como eles passaram a ter problemas de saúde decorrentes do excesso de trabalho? Como mudar professores que se recusam a modernizar sua prática de ensino? Quais são suas motivações? Por que a docência perdeu status?
Vários	4	9	Programa de prevenção de drogas após as aulas; melhoria da orientação; administração escolar; e solução do problema de lixo na comunidade.
Aprendizado	4	9	Melhorar a habilidade de pensar; melhorar o desempenho em ciências e em leitura; e melhorar as habilidades de informática.
Currículo	6	14	Relevância cultural; maior atenção à ciência; pesquisas sobre a história local e sobre a flora e fauna locais; educação sexual e habilidades de pensamento.
Alunos	10	25	Condições de saúde; aspirações modestas; baixa autoestima; violência; falta de motivação; e baixo desempenho.
Pais/família	11	23	Problemas sociais associados ao desemprego; descuido com seus filhos; falta de interesse nas atividades escolares; falta de comunicação pais-alunos; como aumentar o envolvimento deles.

Nos seis exemplos que declararam explicitamente que o ensino na sala de aula precisaria melhorar, os comentários refletem que as dificuldades identificadas não eram apenas pessoais, mas envolviam toda a escola:

> [Eduardo, um professor da zona urbana com 20 anos de experiência que trabalha em uma escola que atende a uma comunidade que ele descreve como sendo de renda muito baixa]: Uma das coisas em que eu tenho falhado, que tem falhado na minha escola, onde eu vivo em geral, é química. Achar meios de fazer os alunos aprenderem química.
>
> [Rosa]: Bem, com respeito a ciências, acho que existe uma falha, quero dizer, não apenas minha, mas da maioria dos meus colegas que ensina ciências. Nenhum de nós tem metodologia de ensino, inclusive eu, e acho que isso cria um problema entre os alunos.
>
> [Carolina, uma professora com 28 anos de experiência que trabalha em uma grande escola da zona urbana que atende famílias de classe média]: Eu faria uma investigação com relação ao ensino, mais animada, mais moderna. Eu gostaria que meus colegas mudassem nesse sentido... Sei que o desempenho em minha escola não é ruim, mas poderia ser melhor, vendo todo o potencial de nossas crianças que às vezes é perdido.

Em várias das respostas relacionadas aos alunos e aos pais, vimos um conceito de ensino que estendia as responsabilidades dos professores para além das salas de aula e das escolas. A seguir, citamos quatro exemplos de como a escolha de tópicos bem como as descrições das atividades que os professores conduzem atualmente refletem sua visão de ensino:

> Entrevistador: Quais tópicos você gostaria de estudar por meio da pesquisa-ação?
>
> [Raul, um professor da zona rural com 26 anos de experiência em um comunidade que ele define como sendo pobre]: O meio ambiente. Bem, primeiro de tudo eu sempre gostei desse aspecto de meio ambiente. Também em minha comunidade tem um monte de entulho, um monte de lixo e a comunidade precisa tomar muito cuidado... não tem água potável... além disso, eu tenho feito algum trabalho comunitário; desse modo, gostaria de me juntar a um grupo de professores e trabalhar sobre esse tópico de maneira mais profunda e ajudar as pessoas a vencerem isso.
>
> [Eduardo]: Os alunos precisam saber como usar seu tempo livre porque muitos deles vivem em condições saturadas. Eles são alunos com aqueles tipos de problema... têm que contribuir para uma solução definitiva, porque isso envolve drogas e acho que o projeto poderia

ser eficiente porque os alunos vêm até mim. Não apenas na escola eles vêm até mim... eu mantenho contato com meus alunos de modo que possa implementar algo assim... acredito que definitivamente eu precisaria tratar do tema das drogas, porque é um problema muito, muito complicado que tem sido apresentado na escola. Tem havido muitos problemas, tem sido difícil para nós darmos um basta e, desse modo, acho que precisamos encontrar meios de lidar com esse problema persistente.

[André]: Vimos como os pais estavam se retirando da escola... um dia nos tornamos autocríticos e perguntamos: "o que estamos dando aos pais?". Procuramos reunir nossas habilidades e um professor sugeriu dar uma oficina sobre informática para os pais; ninguém tinha que pagar... no meu caso, eu estava dando uma oficina sobre impressão em camisetas, toalhas de mesa e assim por diante. Era para durar dois meses, com turnos de grupos com 20 pais por vez. Atualmente, tem 80 pais e ainda tenho grupos para atender.

Os problemas que um profissional terá que selecionar para estudar refletem aqueles aspectos que os professores consideram inaceitáveis e os quais poderiam ser mudados agora (NIXON, 1987). Os participantes desta pesquisa deram depoimentos que ressaltavam a importância da atuação das pessoas, reconhecendo que a melhoria da escola não poderia ser alcançada por um professor-pesquisador isolado. Embora não tivessem lido o trabalho de Kurt Lewin, considerado como um dos fundadores da pesquisa-ação, esses professores chilenos ecoavam uma asserção atribuída a ele: a pesquisa-ação deveria almejar a realização de um bem comum enquanto oposto a algum conceito individual do que é bom (NIXON, 1987).

CONTEXTO INSTITUCIONAL PARA PESQUISA-AÇÃO: AÇÃO INDIVIDUAL E COLETIVA

Pedimos que os professores discutissem como seria possível para eles realizarem uma pesquisa-ação sobre os tópicos identificados, as condições que seriam necessárias para eles realizarem essa pesquisa-ação e alguns obstáculos que eles poderiam encontrar pela frente. As respostas refletiam cinco temas, apresentados em ordem decrescente em relação à frequência em que apareceram. Nessas respostas, vimos novamente o entendimento de que o trabalho dos professores tem uma dimensão comunitária, coletiva.

Apoio de colegas

A grande maioria, 16 professores no total, acredita que seria possível realizar pesquisa-ação em suas escolas porque eles poderiam contar com o apoio dos colegas. Na opinião deles, essa atividade não é algo em que se pode obter sucesso sozinho. Em dois casos, os professores explicitaram o desejo de pesquisar em suas escolas, mas alguns de seus colegas provavelmente seriam contrários a essa mudança e inovação. Assim, eles consideraram que os colegas representariam um obstáculo para realizar a pesquisa-ação.

Em alguns casos, o apoio que eles reivindicariam não seria qualificado já que acreditavam que nem todos os colegas na escola tinham o compromisso de mudar e melhorar. Esses professores apontaram que só poderiam contar com o apoio de alguns de seus colegas porque a escola era dividida entre professores voltados para reforma e aqueles que não demonstram interesse por mudanças. Os professores entrevistados colocaram-se junto ao grupo que apoia a reforma, entusiasmado quanto a experimentar novas coisas, tomando a iniciativa de desenvolver projetos. Ao descreverem a si mesmos e a seus colegas, entendemos que eles tinham o conceito do trabalho docente enquanto trabalho de grupo, o qual envolvia responsabilidades que iam além de suas salas de aula e de suas horas de serviço:

> [Ema]: Depende do compromisso da comunidade, de sua vocação enquanto educador. Tem gente que possui muito conhecimento, não tem o componente afetivo... pode ter um monte de conhecimento, mas sem a outra parte não funciona.
>
> [Enrique]: Ao trabalhar em zonas rurais, você começa o dia dando café da manhã aos alunos e termina o dia devolvendo os alunos a seus pais... eles saem para períodos de folga e você vai com eles... Apresentamos um PME quatro vezes até conseguirmos ganhar. Persistimos consertando os problemas. Toda vez que tomávamos a decisão de fazer algo, obtínhamos sucesso. Não quer dizer que não temos problemas, mas fazemos isso.
>
> [Glenda]: Ganhamos três PMEs, conseguimos os resultados e trabalhos como equipe, com funções diferentes, temos um bom diretor técnico.

Eles criticaram os colegas que demonstravam comportamentos e atitudes vistos como "antiprofissionais". Dentre esses, encontravam-se pessoas que não colaboravam por achar que já sabiam tudo. Também incluíam professores que tinham resistência à mudança e não tinham vontade de trabalhar em tempo extra sem pagamento adicional. Parecia que muitos professores entendiam que o profissionalismo forçosamente leva ao que Grimmett (1996), seguindo T. J. Sergiovanni, chama de "motivação autêntica". Essa autenticidade manifestou-se quando os professores batalharam pelo que era bom e importante para seus alunos e para as condições de seus alunos:

> [Patrícia, discutindo a existência de uma norma de colaboração em sua escola]: Metade dos professores está a todo vapor, ajudam uns aos outros e trabalham juntos. Os outros, muitos dos quais trabalham em dois turnos, são meros instrutores. Eles jamais se preocuparão em fazer mais, em participar de uma atividade extra... eles acham que sou boba por ter um grupo de ecologia ou uma brigada antidrogas porque é inútil. Vou falar sobre nutrição com os pais que pedem. Eles dizem "ninguém lhe paga para fazer isso". Mas você sabe que não é desperdício de tempo. Se dois ou três tiram benefício disso, eu já consegui ir além da minha sala de aula.

Em muitos exemplos, os participantes falaram sobre conflitos de geração. Eles acham que professores mais velhos, aqueles próximos à aposentadoria, têm resistência às mudanças. Esse comentário é interessante ao considerar-se que a maioria dos entrevistados era professores em meio de carreira (a média de experiência profissional era 21 anos); dois tinham menos de dez anos de experiência e três tinham pelo menos 30 anos de experiência. Os participantes perceberam que haviam aprendido a buscar inovações mesmo sem se importarem com seus colegas. Alguns de nossos entrevistados tinham a esperança de que as pessoas iriam eventualmente juntar-se a eles nessas iniciativas. Ao delinear o sucesso, eles poderiam persuadir os colegas. Mesmo quando eles viam as condições da escola como inferiores ao ideal, achavam que conseguiriam fazer algo para melhorar tais condições:

> [Marta, discutindo o fato de os professores acreditarem que examinar sua própria prática de ensino pode melhorar o aprendizado dos alunos]: Sei que eles sabem disso, mas não assumem. Eles mostram uma falta de compromisso profissional... você sabe como é triste ver pessoas chegando com raiva, "mais um dia, quando vamos tirar férias?"
>
> [Vilma, discutindo se sua escola apresentava as condições para realizar pesquisa-ação]: Consigo motivar meus colegas. Não é bom para mim dizer isso, mas eles acreditam em mim, a maioria dos meus colegas acredita que, se seu digo algo, então é assim que é. Mas isso vem

mudando com o tempo. Quando eu cheguei na escola pela primeira vez na condição de pessoa mais jovem, eu precisava começar ganhando [a credibilidade de meus colegas].

Recursos de tempo e dinheiro

Ao discutir a possibilidade de se realizar pesquisa-ação em suas escolas, 14 participantes mencionaram a necessidade de recursos financeiros e de tempo para conduzir essa atividade. Dentre esses que mencionaram a falta de disponibilidade de tempo, todos viram isso como um obstáculo impossível de ser vencido, já que os administradores não apoiariam tal atividade:

> [Eduardo]: Problemas existem... não há espaço, a agenda é programada para cumprir o currículo.

Todavia, três pessoas apontaram que estavam dispostas a trabalhar em horas extras, seu próprio tempo, para conduzir o estudo:

> [Ema]: Tempo é sempre nosso problema... mas quando temos compromisso com um projeto, podemos vir aos sábados, domingos, até que ele esteja feito. Não nos importamos em não ser pagos.

Dentre aqueles que ressaltaram questões financeiras, três indicaram que seu município não tinha dinheiro para esse tipo de atividade. Três disseram que o município estaria disposto a financiar um bom projeto de pesquisa-ação, e um participante indicou que, se eles escrevessem um bom projeto, conseguiriam financiamento.

> [Antônia]: Temos autonomia e o município está disposto a fazer algo.
> [Raul]: Mais ou menos, você precisa de recursos, o que o município não tem.

Por meio da resposta do André, é possível perceber o conflito que os professores enfrentam devido à incoerência das ações centralizada (técnico-pedagógicas) e descentralizada (financeira) atualmente em vigor na administração escolar no Chile. Ele também expressou preocupação sobre a falta de contribuição dos professores para com as intervenções previstas pela reforma:

> [Entrevistador]: O quanto é possível para você realizar um projeto de pesquisa-ação?

[André]: É possível. Acho que temos o apoio do diretor e também o apoio do município. Acho que o ponto que falha é o aspecto financeiro. Acredito que o Ministério da Educação deveria servir para isso... eles simplesmente chegam e, no final, nós, professores, acabamos sendo meros receptores... eles estão propondo aumentar o dia letivo, mas não temos possibilidade de construir novas salas de aula.

Apoio dos administradores

Oito professores descreveram que ter um administrador propenso a auxiliá-los como o principal fator que tornaria a pesquisa-ação possível. Eles mencionaram os administradores que apoiavam a inovação e as boas ideias:

[Gustavo]: Que condições? Mas as condições eram dadas porque eu tinha o apoio do diretor, isso é importante... ele está com quem quer tomar a iniciativa, um projeto, alguma novidade.

[Carolina]: Se eu propuser um bom projeto, vou ter o apoio dos administradores.

Outros três percebiam os administradores como um obstáculo por não apresentarem a liderança adequada (eram muito autoritários) ou por não verem a pesquisa-ação ou seu tema como prioridade na escola:

[Raul]: Bem, meio complicado, mais de 40 professores, a diretora é autocrática, é difícil, mas você tem que começar envolvendo-a. Você tem que ir em grupo para convencê-la.

A burocracia gerada pela divisão nos órgãos criados para dar apoio aos professores para implementar a reforma às vezes prejudicava o interesse dos docentes em relação à inovação. O programa do Ministério que trouxe os professores para Iowa é um dos casos mencionados. Os programas de estudo no exterior selecionam individualmente professores que têm que obter o apoio de seus administradores para se candidatarem e serem contemplados. Espera-se que esses professores voltem e passem para seus colegas o que aprenderam. Esse processo de "multiplicação", contudo, é controlado pelas autoridades locais que não são responsáveis pela garantia das condições para que os professores façam o que deles se espera. Espera-se, mas não é obrigatório, que os administradores ao apoiarem a candidatura dos professores a uma vaga em um programa de estudos no exterior, também ajudem a garantir tais condições, por meio de sua liderança. Eduardo exemplificou como os funcionários do município não conseguiram auxiliar os professores:

> Quando eu fui ao município deixar os papéis para participar do programa de estudos no exterior, fui questionado sobre o motivo de eu estar fora da escola em horário de aula.

Carolina também mencionou alguns obstáculos encontrados no retorno dos professores selecionados para participar do programa de estudos no exterior:

> Alguém deveria investigar o impacto do programa... na minha realidade, tenho visto as pessoas voltarem cheias de ilusões, com materiais, com muitas coisas novas, mas tudo isso é perdido em minha escola. Não existe nada lá para nos motivar, ninguém dá atenção ao programa. Acho que o Ministério deveria oferecer oportunidades para as pessoas que foram para o exterior para que eles voltem e não batam de frente em um muro... é como se eles acelerassem para baterem de frente em um muro.

Apoio dos pais, alunos e outros agentes da comunidade

Entre os entrevistados, apenas um participante mencionou que os pais provavelmente não dariam apoio à pesquisa-ação. Todos os outros percebiam que uma relação pessoal positiva com pais, alunos e os agentes da comunidade era um fator que tornava esse projeto possível:

> [Alejandro, um professor da zona rural com oito anos de experiência em uma escola de tempo integral]: Se tivéssemos que pesquisar, teria que ser como uma equipe de professores e que envolvesse todo mundo, os pais, o conselho de pais. As pessoas, pais ou mães, responsáveis, todos têm que estar a todo vapor, senão não vale a pena. Enquanto escola católica, nosso lema é que nosso trabalho é um meio de servir e dar aos outros. Para mim, isso é educação.

Saber como se conduz um projeto de pesquisa-ação

Três participantes mencionaram que sua atual falta de conhecimento em relação aos aspectos técnicos e metodológicos da pesquisa-ação era um obstáculo a ser vencido antes que eles iniciassem um projeto de pesquisa-ação:

> [Vilma]: Eu precisaria ter um entendimento claro da investigação. É arriscado perder o rumo se não se conhece as técnicas de pesquisa.

Na verdade, poucos entusiasmaram-se com a possibilidade de realizar pesquisa-ação em suas escolas:

Entrevistador: [terminando a entrevista]:Você gostaria de acrescentar alguma coisa?

[Alejandro]: Gostaria de ter treinamento, uma chance. Sei que posso persuadir meus colegas.

Discussão

Torres (2000) demonstra preocupação com a situação dos professores em várias iniciativas de reformas educacionais na América Latina. Ela ressalta que, frequentemente, os professores são vistos como aqueles responsáveis por implementar as reformas mas que não são convidados a ajudar na elaboração de suas propostas. As condições para o profissionalismo docente – um salário digno, preparação adequada, compromisso com o crescimento e a responsabilidade profissional – não vêm sendo suficientemente tratadas, levando a um descompasso entre as reformas e o que se espera dos professores. De maneira geral, os professores e seus sindicatos não participam igualmente na elaboração das reformas educacionais. Essas reformas utilizam a retórica da autonomia e do profissionalismo docente da mesma maneira que impõem iniciativas, dirigidas de cima para baixo, aos professores.

Fica claro, então, que as definições de qualidade e eficácia presentes nessas reformas não consideram as perspectivas dos professores em relação a suas responsabilidades profissionais. Esses tornam-se objetos da mudança, e não sujeitos que possam propor questionamentos críticos para a reforma. No Chile, aos poucos, pede-se aos professores e aos sindicatos que se envolvam nas etapas de planejamento das inovações. Esse convite para que participem também da elaboração, contudo, está longe de colocar os professores como parceiros em igualdade no plano de mudança do governo.

Essa falta de participação no planejamento das intervenções de reforma, entretanto, não pareceu impedir o senso de ação que encontramos junto ao grupo altamente selecionado de professores que entrevistamos nesta pesquisa. Seu compromisso com a mudança e a inovação permitiu-lhes vislumbrar as possibilidades de realizar pesquisa-ação em suas escolas. Nossos entrevistados, com certa luta, estão se apropriando dos espaços criados pela reforma para a autonomia, a iniciativa e a inovação do professor. Eles citaram exemplos de conversas entre professores para se discutir assuntos pedagógicos; um trabalho de cooperação entre professores para diagnosticar problemas e planejar soluções; e de administradores que auxiliam, quando bem justificadas, as iniciativas dos professores em prol de melhorias. Encontramos exemplos de abertura ao envolvimento da comunidade e dos pais, com um compromisso de assistência recíproca, bem como professores que ainda teriam que criar tais relações. Nossos participantes descreveram também a tensão dentro de muitas dessas escolas entre professores que apoiam ou não as reformas. Em nossas entrevistas, não perguntamos nem fomos perguntados sobre a ideologia neoliberal na reforma, que procura desenvolver um espírito empresarial entre os professores chilenos.

Neste texto, fica claro que as concepções de trabalho docente que surgiram por meio da análise das entrevistas subverteram e alargaram a visão de qualidade educacional da reforma. Enquanto a reforma concebe qualidade como desempenho escolar, qualidade, para esses professores, forçosamente passa por educar a criança por inteiro e auxiliar suas comunidades. Melhorar a educação, resolver os problemas que encaram em seu trabalho, envolve mais que simplesmente resolver como melhorar habilidades de língua e de matemática.

Os valores individualistas e competitivos presentes na concepção neoliberal de melhoria do ensino parecem estar em conflito com a cultura profissional refletida por esse grupo de professores chilenos. Não sabemos se a resistência desses professores em adotarem a definição de qualidade da reforma será mantida por muito tempo. A pergunta que se coloca é: Esses professores resistirão aos incentivos voltados para o mercado, os quais relacionam aumentos em seus salários ao desempenho dos alunos em testes? Esse é um ponto interessante de ser observado enquanto a reforma insiste em avaliar os professores individualmente.

Em uma análise da condição dos professores dentro das reformas educacionais vigentes na América Latina, Torres (2000) escreveu: "Aos olhos dos reformadores, a área dos professores é um problema, um obstáculo, uma dor de cabeça" (p. 264). É a imagem negativa dos professores, argumenta ela, que é um impedimento à reforma. Essa imagem, percebe ela, é preconceituosa porque as realidades dos professores são complexas e contraditórias, são parte da solução e parte do problema. Não é justa porque o trabalho docente é idealisticamente concebido no contexto de políticas e decisões que são diferentes do próprio fazer dos professores; eles representam uma parte de um sistema complexo. É ineficaz porque a reforma precisará ser realizada por professores; logo, é importante que os reformadores aceitem esses profissionais como aliados e sujeitos da mudança.

Alguns de nossos participantes queriam realizar pesquisa-ação para entenderem porque alguns de seus colegas demonstravam "falta de profissionalismo". Parece que esses participantes internalizaram as imagens negativas denunciadas por Torres. No processo de realização de um projeto de pesquisa-ação, todavia, haveria possibilidades de examinar essas imagens a fim de revelar a complexidade, a contradição, a falta de direitos e de autoridade em relação às condições de trabalho dos professores. Por exemplo, se eles tivessem oportunidades de entender, a partir do ponto de vista de seus colegas, a insatisfação, as ansiedades e os medos que a reforma lhes causa, poderiam planejar em conjunto uma estratégia de inovação que respeitasse mais as necessidades individuais dos professores. Entender como o contexto molda a resistência poderia permitir que os professores desenvolvessem projetos de pesquisa-ação para mudar aspectos contextuais que geram resistência. Colocado de outra maneira, os professores poderiam encontrar um caminho para mudanças que respondesse de maneira prática à singularidade da cultura de suas escolas e de seus funcionários ao invés de tentarem acomodar uma solução imposta "de cima para baixo" pela reforma.

As concepções do trabalho docente não operam no vácuo, mas são construídas em contextos sociais, culturais e políticos específicos. Na introdução, demos informações sobre o contexto atual da educação pública no Chile. Agora revisitaremos esse contexto a fim de discutir quatro fatores que também poderiam estar associados à tendência dos participantes em enfatizarem os problemas em todos os níveis da escola e os problemas fora da escola.

Primeiro, o sistema de responsabilidades utilizado atualmente no sistema educacional do Chile é baseado na escola. O programa de testes nacional do país para determinar a qualidade da educação, SIMCE, publica os resultados para cada escola. Quando esses resultados tornam-se públicos, os problemas, os quais pediu-se aos professores que resolvessem geram um debate nacional sobre os méritos da reforma e sobre o auxílio que escolas/professores recebem. Logo, a melhoria do ensino torna-se inevitavelmente uma questão pública e a prática de um único professor fica diluída em relação aos problemas que envolvem todos os níveis da escola. Quando as fraquezas de suas escolas são expostas, então é hora de os professores agarrarem-se às suas forças individuais e coletivas para identificar os problemas e "consertá-los".

Os professores sentem-se mais confortáveis com a responsabilidade coletiva do que com a individual. Por exemplo, esses profissionais vêm demonstrando resistência aos esforços do Ministério para implementar um sistema de avaliação docente. O presente estudo não explorou a natureza dessa resistência, mas documentou de fato que, quando perguntados sobre aspectos da avaliação docente, presentes na pesquisa-ação, nossos participantes demonstraram sua oposição. O diretor do sindicato nacional dos professores vem argumentando que implementar um sistema de avaliação requer antes mudanças substantivas nas condições de trabalho dos professores (http://www.mineduc.cl/zonas/profesores/doc/discursoj_pavez.doc). Ele aponta para aspectos tais como: garantir tempo para planejamento em equipe; oferecer oportunidades permanentes para reflexão e trabalho interdisciplinar; cuidar do desenvolvimento profissional para que ele possa superar o que ele vê como as tendências atuais em prol do sucesso individual; e o clima autoritário e antidemocrático governando um importante setor do sistema educacional. Em suas observações, vemos a norma da coletividade evidenciada no entendimento, por parte dos nossos entrevistados, do trabalho dos professores.

Em segundo lugar, contraditoriamente, o trabalho em equipe aparece em várias das intervenções que a reforma está propondo para descentralizar a tomada de decisões educacionais. Embora a retórica da reforma enfatize a autonomia da escola na definição do currículo, por exemplo, o Ministério tem priorizado apenas o ensino de duas áreas: língua e matemática. Várias das intervenções em prol de melhorias defendidas pelo governo também privilegiam o trabalho em cooperação ao pedir aos professores que construam um projeto de escola como foco de seus esforços [retirar] para melhorar o desempenho dos alunos em língua e matemática.

Em terceiro lugar, o currículo tradicional (e mesmo o novo) de formação inicial de professores vem, tipicamente, priorizando abordagens mais sociológicas e menos psicológicas relativas ao entendimento do sistema escolar. Por exemplo, os futuros professores primeiro aprendem sobre o contexto do sistema escolar e, em sua primeira experiência de campo, serão colocados fora da sala de aula. Essa tendência é bastante diferente daquela normalmente encontrada nos cursos de formação docente nos Estados Unidos, onde futuros professores vão diretamente para as salas de aula e os cursos de psicologia são privilegiados em relação aos cursos de sociologia. Assim, não é de se surpreender que os professores chilenos queiram investigar e entender assuntos que dizem respeito à comunidade como um todo, os quais podem formular problemas em todos os níveis da escola. Também, durante a preparação inicial do professor, eles têm observado que, com maior frequência, as tarefas de sala de aula exigem trabalho em equipe.

Finalmente, os problemas identificados são bastante complexos e demandam uma ação coletiva. Os tópicos selecionados estão frequentemente relacionados a educar o estudante por inteiro e a contribuir para que uma maior comunidade seja atendida. Pelo fato de que os professores veem seu trabalho como indo além de dar a matéria obrigatória ou o conteúdo da área de aprendizado específica, eles percebem a necessidade de se unirem a outras pessoas que também influenciam no desenvolvimento das crianças.

Implicações para os formadores de professores

Diferentes conceitos de pesquisa-ação têm surgido em situações e contextos diferentes de modo a atender uma situação ou um contexto específicos (Rearick e Feldman, 1999). Sugerimos que um aspecto a ser contemplado esteja relacionado às concepções dos professores de seu trabalho. O presente estudo demonstra que, ao menos com esse grupo de entrevistados, defender modelos individualísticos da pesquisa-ação, preparando os futuros professores baseados em tais modelos, poderia encontrar resistência. Por outro lado, eles poderiam tornar-se mais receptivos a versões de pesquisa-ação enquanto esforço para melhorar a escola em todos os seus níveis.

Apenas alguns dos professores que entrevistamos sentiram-se pouco encourajados quanto a fazer pesquisa-ação com base em seu nível de habilidades de investigação metodológica no momento. É promissor que a maioria dos professores não ache que, antes de fazer pesquisa-ação, precisa saber como. Porém, ficamos com a impressão de que, no processo de pesquisa-ação, esses professores provavelmente sentiriam a necessidade de desenvolver essas habilidades. Durante esse processo de pesquisa-ação, formadores de professores que trabalham em universidades devem ser convidados a participar. Enquanto os formadores de professores contribuem fazendo para que professores em exercício desenvolvam pesquisa-ação, é importante que eles respeitem suas perspectivas trabalhando com base nas preocupações e abordagens dos professores para mudar e melhorar (KORTHAGEN, 2001).

Grimmet (1996) aponta que as perguntas não declaradas que os professores têm acerca da reforma educacional no Chile possuem o potencial de afetar gravemente o seu processo de implantação. Dar atenção às perguntas que os professores têm quanto à melhoria da educação e descobrir suas tácitas respostas para essas perguntas é essencial para examinar possíveis obstáculos às ideias dos reformadores para as escolas e salas de aula. No Chile, pede-se aos formadores de professores que desenvolvam também atividades de formação continuada a fim de colocar a reforma educacional em prática. O presente estudo mostra exemplos de perguntas com as quais os professores lidam para entenderem o que precisam fazer a fim de melhorar o aprendizado de seus alunos e melhor assistir à comunidade em geral. Ao planejar a formação em serviço, os formadores de professores poderiam ser ainda mais úteis ao responderem às perguntas dos professores.

O presente estudo também traz implicações para formadores de professores que trabalham em nível transnacional, como o trabalho que realizamos em nossa instituição quando trazemos professores chilenos para participarem do programa de ensino de ciências. Em nossa própria experiência, bem como no que tem sido documentado na literatura, os países latino-americanos e outros países do chamado Terceiro Mundo que recebem recursos financeiros do Banco Mundial e de outras instituições financeiras têm buscado projetos de cooperação que contratam formadores de professores do assim chamado Primeiro Mundo na condição de consultores, avaliadores etc. Essa cooperação traz boas e más notícias.

A má está refletida naquilo que Henales e Edwards (2000) escrevem:

> [as políticas impostas por essas instituições financeiras concebem] os remédios para [as escolas ineficazes e atrasadas] planejados no exterior e

implementados por elites nacionais, criam extensos mercados altamente lucrativos para o rápido desenvolvimento da tecnologia da informação e de comunicação, também planejada no exterior (p. 8).

A boa notícia é que os formadores de professores individualmente e as instituições de formação docente podem construir a cooperação internacional a partir de uma ética de solidariedade. Dentro desse modelo ético, nossa análise das concepções dos professores chilenos sobre pesquisa-ação pode ser utilizada para ilustrar a importância de se conceber a cooperação internacional em termos designados pelos professores do país anfitrião. Os formadores de professores que trabalham a partir de uma ética de solidariedade devem estar cientes de que trazer soluções e modelos desenvolvidos em uma cultura para resolver os problemas de outra pode prejudicar ainda mais o desenvolvimento do conhecimento local e gerar dependência dos países do chamado Terceiro Mundo em relação aos do Primeiro. Então, se formadores de professores desenvolvem em um lugar como o Chile atividades que promovam o modelo individualístico de pesquisa-ação, eles ajudam a fomentar a competição subjacente à ideologia neoliberal ao invés de promoverem o espírito colaborativo que caracterizou os participantes desta pesquisa.

Para finalizar, reiteramos um ponto que destacamos na introdução deste texto. A pesquisa-ação é construída tanto por teóricos quanto por profissionais da prática que adotam e adaptam as teorias. Aprender como esse grupo de professores vivencia seu trabalho e lhe dá sentido, como eles apropriam-se da pesquisa-ação, tem nos ajudado a alargar nosso próprio entendimento da construção social da pesquisa-ação. Realizar este estudo nos deu a oportunidade de melhorar nossa capacidade de aprender como aprender a partir dos professores que estão nas salas de aula.

Referências

APPLE, M. W. Comparing neo-liberal projects and inequality in education. *Comparative Education*, vol. 37, n. 4, 2001, p. 409-23.

ARANCIBIA, S., EDWARDS, V., JARA, C., JELVEZ, M. e NÚÑEZ, I. *Reform in progress*. Ministerio de Educación: Santiago, 1998.

CARR W. e KEMMIS, S. *Becoming critical: Education, knowledge and action research*. Philadelphia: Falmer Press, 1986.

CONDEMARÍN, M. e VACCARO. L. *El taller de profesores: una modalidad organizativa de aprendizajes*. Publicação eletrônica. Centro de Documentación: http://www.mineduc.cl/. (29 de março de 2002).

EISNER, E. W. (no prelo). From episteme to phronesis to artistry in the study and improvement of teaching. *Teaching and Teacher Education*.

FISCHER, K. B. *Political ideology and educational reform in Chile, 1964-1976*. Los Angeles: UCLA Latin American Center, 1979.

GAURI, V. *School choice in Chile: Two decades of educational reform*. Pittsburgh, PA: University of Pittsburgh Press, 1998.

GLESNE, C. Yet another role? The teacher as researcher. *Action in Teacher Education*, v. 13, n. 1, 1991, p. 7-13.

GRIMMETT, P. P. The struggle of teacher research in a context of education reform: Implications for instructional supervision. *Journal of Curriculum and Supervision*, v. 12, n. 1, 1996, pp. 37-65.

HENALES, L. e EDWARDS, B. Neo-liberalism and educational reform in Latin America. *Current Issues in Comparative Education*, vol. 2, n.2, 2002, p. 1-14.

HOLLY, P. Action research: cul-de-suc or turnpike. *Peabody Journal of Education*, v. 64, n. 3, 1987, p. 71-99.

KORTHEGAN, F. A. *Linking practice and theory: The pedagogy of realistic teacher education*. Mahwah, NJ: Lawrence Erlbaum, 2001.

LIEBERMAN, A. e MILLER, L. *Teachers caught in the action: Professional development that matters*. New York: Teachers College Press, 2001.

LITTLE, J. W. Professional development in pursue of school reform. In: LIEBERMAN, A. e MILLER, L. (orgs.). *Teachers caught in the action: Professional development that matters* (p. 23-44). New York: Teachers College Press, 2001.

MCEWAN, P. J. e CARNOY, M. The effectiveness and efficiency of private schools in Chile's voucher system. *Educational Evaluation and Policy Analysis*, v. 22, n. 3, 2000, p. 213-39.

MCNIFF, J., LOMAX, P. e WHITEHEAD, J. *You and your action research project* (3ª edição). New York: Routledge, 1998.

Ministerio de Educación, Chile. Fondo de Proyectos de Mejoramiento Educativo. Publicação eletrônica. http://www.mineduc.cl/concurso_pme/doc/Instructivo1.doc (3 de março de 2002).

Ministerio de Educación, Chile. Publicação eletrônica http://www.mineduc.cl/maule/seccion/N2001112309531927528.html. (3 de março de 2002).

NIXON, J. The teacher as researcher: Contradictions and continuities. *Peabody Journal of Education*, v. 64, n. 2, 1987, p. 20-32.

NOFFKE, S. E. Professional, personal, and political dimensions of action research. *Review of Research in Education*, v. 22, 1997, p. 305-343.

NOFFKE, S. E. The work and workplace of teachers in action research. *Teaching and Teacher Education*, v. 8, n. 1, 1992, p. 5-29.

PAVEZ, J. Perspectiva del Colegio de Profesores sobre el profesionalismo docente Paper presented at the International Seminar "Profesionalismo Docente y Calidad de la Educación". Santiago, Chile. Maio, 2001. Publicação eletrônica http://www.mineduc.cl/zonas/profesores/doc/discursoj_pavez.doc (3 de março de 2002).

PUIGGROS, A. *Neoliberalism and education in the Americas.* Boulder: Westview Press, 1999.

REARICK, M. L., e FELDMAN, A. Orientations, purposes and reflection: A framework for understanding action research. *Teaching and Teacher Education*, v. 15, 1999, p. 333-349.

SHUMSKY, A. Co-operation in action research: A rationale. *Journal of Educational Sociology*, v. 30, 1956, p. 180-185.

TORRES, R. M. From agents of reforms to subjects of change: The teaching crossroads in Latin America. *Prospects*, v. 30, n. 2, 2000, p. 255-273.

Os autores

Carmen Montecinos é professora do Departamento de Psicologia Educacional e Fundamentos na Universidade de Iowa do Norte, Estados Unidos da América. Tem publicado artigos sobre formação multicultural de professores e vem atuando na preparação de docentes que trabalham com grupos socialmente oprimidos. Nos últimos seis anos, tem contribuído com várias iniciativas que apoiam a reforma educacional chilena, trabalhando atualmente para o Ministério da Educação do Chile. Professora Montecinos é a coordenadora nacional do programa para fomento da formação inicial de professores nesse país.

Dirk Meerkotter é professor decano da Faculdade de Educação da Universidade do Cabo, África do Sul. Ao longo dos últimos 20 anos, tem publicado textos e ministrado palestras sobre currículo, formação de professores, pesquisa-ação emancipatória, educação e linguagem, assim como pedagogia crítica. Professor Meerkotter orientou com sucesso cerca de 60 mestrandos e doutorandos em educação. Muitos desses estão atualmente dando importantes contribuições para a transformação da sociedade na África do Sul.

John Nyambe é formador de educadores desde 1990, na Faculdade de Educação de Caprivi, Namíbia. Em 1995, trabalhou como vice-diretor da Faculdade de Educação de Ongwediva e voltou para a Faculdade de Caprivi em 2001, onde assumiu a direção da instituição. Professor Nyambe realizou seu mestrado em Educação Internacional na Universidade de Alberta, Canadá. Seu interesse profissional é principalmente na área de formação de professores, pedagogia crítica, transformação social e educação, teoria social crítica e educação global. Tem publicado artigos em diversos periódicos de educação na Namíbia e participou do livro organizado por Ken Zeichner e Larsh Dahlstrom, *Reforma democrática da formação de professores na África*.

Júlio Emílio Diniz-Pereira é professor da Faculdade de Educação da Universidade Federal de Minas Gerais, Belo Horizonte, Brasil. Atualmente, é aluno do curso de doutorado em educação, mais especificamente sociologia da educação escolar e da formação de professores, do Departamento de Currículo e Ensino da Universidade de Wisconsin, Madison, Estados Unidos da América. Sua tese tem como tema geral a formação docente e a construção da identidade de educadores. Além de possuir artigos em periódicos nacionais e internacionais, o professor Diniz-Pereira é também autor do livro *Formação de professores: pesquisas, representações e poder*, publicado pela Editora Autêntica, no ano de 2000.

Justo Gallardo Olcay é professor na Universidade de Tarapaca, Arica, Chile. Iniciou sua carreira trabalhando em um programa de ensino de inglês – gramática e linguagem. Nos últimos três anos, leciona e conduz pesquisas no Programa de Avaliação e Currículo dessa Universidade. Está atualmente realizando seu doutorado em educação no Programa de Pós-graduação em Currículo e Ensino da Universidade de Iowa do Norte, Estados Unidos da América.

Kenneth Zeichner é professor titular do Departamento de Currículo e Ensino da Universidade de Wisconsin, Madison, Estados Unidos da América, onde desenvolve trabalhos de pesquisa e ensino na área de formação docente, desenvolvimento profissional de professores e pesquisa-ação. Já orientou dezenas de teses e dissertações no campo da formação de educadores. Professor Zeichner é autor de vários livros – muitos traduzidos para diferentes línguas, inclusive para o português – capítulos de livros e artigos publicados em periódicos internacionais e dos Estados Unidos.

Maureen Robinson é atualmente decana da Faculdade de Educação da Universidade Cape Technikon, Cidade do Cabo, África do Sul. Ela iniciou sua carreira acadêmica em 1987 na Universidade do Cabo, onde então passou 15 anos. Ela foi professora em escolas de nível médio sul-africanas na década de 1980 e esteve bastante envolvida no movimento "Educação do Povo" daquela época. Professora Robison tem publicado artigos e ministrado palestras sobre inovações curriculares, formação de professores e pesquisa-ação.

Mervyn Wilkinson ministra atualmente palestras na Faculdade de Educação da Universidade de Tecnologia de Queensland (QUT), Brisbane, Austrália. Sua área de interesse é em aspectos da mudança organizacional em educação e pesquisa-ação. Nos últimos 15 anos, tem trabalhado com consultoria em pesquisa-ação em escolas e outras instituições educacionais.

Stephen Kemmis é professor aposentado do Departamento de Estudos sobre o Currículo da Faculdade de Educação da Universidade de Deakin, Geelong, Austrália. Nessa Universidade foi coordenador do programa de pós-graduação e codiretor do Centro para Educação e Mudança. Foi pró-reitor de pesquisa da Universidade de Ballarat, Ballarart, Austrália. Professor Kemmis tem publicado vários livros, capítulos de livros e artigos de periódicos sobre reforma educacional, avaliação educacional, bem como teoria e prática na pesquisa-ação. Tem participado como consultor em vários projetos e programas de pesquisa-ação nos Estados Unidos da América, Inglaterra, Canadá, Singapura, Malásia, Hong Kong, Espanha e Islândia.

Outros títulos da COLEÇÃO DOCÊNCIA

Justiça Social – Desafio para a formação de professores
Júlio Emílio Diniz-Pereira, Kenneth M. Zeichner (Orgs.)
Tradução: Cristina Antunes

A formação de professores é o principal tema deste livro, que pretende ser obra de referência na discussão sobre a dimensão de justiça social na prática docente. Aqui, autores como Kenneth M. Zeichner, Carol R. Rodgers, entre outros, tratam dos desafios da formação de professores para a justiça social. Como se caracteriza esse processo? Quais são os desafios para a implementação da dimensão da justiça social na formação de professores? Como são as principais metodologias usadas nas pesquisas que abordam o tema? Elas estão adequadas? O que tem sido discutido sobre esse assunto? Essas são algumas das questões elucidadas neste livro, feito para o professor, para o educador, para os interessados em formação de professores, prática docente e, principalmente, em contribuir para a construção de uma sociedade mais justa e harmoniosa. Por fim, trata-se de um livro para os que desejam compreender como a prática docente pode afetar nossa realidade social. E como podem, por meio dos cursos e programas de formação docente, reverter quadros negativos de uma sociedade repleta de desigualdades econômicas e sociais.

Quando a diversidade interroga a formação docente
Júlio Emílio Diniz-Pereira, Geraldo Leão (Orgs.)

É possível estruturar um curso de formação e diversidade partindo de um diálogo sobre diversidade e sobre formação? Essa é a pergunta central que os autores buscam responder, guiados pela consciência da necessidade de um currículo para formação de professores que aborde a questão da diversidade, bem como a questão identitária do professor, que chega ao curso já com seus conceitos e pré-conceitos, marcas de sua trajetória de vida.

Este livro pretende, então, discutir algumas questões sobre o tema "formação docente e diversidade" e sobre os cursos de formação inicial e continuada de professores. Trata-se de um convite aos educadores e profissionais da educação à reflexão sobre questões como as lançadas por Miguel Arroyo, em seu capítulo introdutório: O que há de novidades nesses cursos? O que podem significar esses cursos para as faculdades de Educação e as universidades em que acontecem? Que indagações trazem para a construção e o repensar da teoria pedagógica? Ou, resumindo, em que sentido a diversidade presente em nossa sociedade e em nossas escolas interroga a formação docente?

Este livro foi composto com tipografia Bembo e impresso
em papel Pólen 80 g na Formato Artes Gráficas.